MARYLÈNE COULOMBE

D0926317

LES MORTS
NOUS DONNENT
SIGNE DE VIE

EDIMAG
PRÈS DU PUBLIC

C.P. 325, Succursale Rosemont,
Montréal (Québec) Canada   H1X 3B8

Téléphone: (514) 522-2244
www.edimag.com
Courrier électronique: info@edimag.com

Éditeur: Pierre Nadeau
Coordonnateur: Jean-François Gosselin
Correcteurs: Denis Desjardins, Paul Lafrance

Dépôt légal: quatrième trimestre 2005
Bibliothèque nationale du Québec
Bibliothèque nationale du Canada

© 2005, Édimag inc.
ISBN: 2-89542-168-4

Québec ▪▪   Canada ▪▪

L'éditeur bénéficie du soutien de la Société de développement des entreprises
culturelles du Québec pour son programme d'édition.

Nous reconnaissons l'aide financière du gouvernement du Canada par l'entremise du Programme d'aide au développement de l'Industrie de l'édition
(PADIÉ) pour nos activités d'édition.

À vous,

Papa
Loulou
Nancy

Je vous sens toujours aussi présents avec moi
jour après jour.

NE JETEZ JAMAIS UN LIVRE

La vie d'un livre commence à partir du moment où un arbre prend racine. Si vous ne désirez plus conserver ce livre, donnez-le. Il pourra ainsi prendre racine chez un autre lecteur.

DISTRIBUTEURS EXCLUSIFS

Pour le Canada et les États-Unis
LES MESSAGERIES ADP
2315, rue de la Province
Longueuil (Québec) CANADA   J4G 1G4

Téléphone: (450) 640-1234   Télécopieur: (450) 674-6237

Pour la Suisse
TRANSAT DIFFUSION
Case postale 3625
1 211 Genève 3   SUISSE

Téléphone: (41-22) 342-77-40 / Télécopieur: (41-22) 343-46-46
Courriel: transat-diff@slatkine.com

Pour la France et la Belgique
DISTRIBUTION DU NOUVEAU MONDE (DNM)
30, rue Gay-Lussac
75005 Paris   FRANCE

Téléphone: (1) 43 54 49 02 / Télécopieur: (1) 43 54 39 15
Courriel: liquebec@noos.fr

Table des matières

Introduction

Nous sommes le mardi 6 juin 1995.

Le ciel est d'un bleu éclatant, les nuages laissent à peine quelques traces blanchâtres sur leur passage. La surface du trottoir est étonnamment chaude pour cette période de l'année. Assise sur le perron de la maison, un petit cottage de brique typique où deux longues marches ornent la devanture et où je me sens en sécurité depuis les vingt-six dernières années, j'écris. Je suis à l'écriture d'un chapitre portant sur la communication avec les esprits. J'écris très précisément que nous pouvons communiquer aisément avec ceux que nous aimons mais qui nous ont malheureusement quittés pour un autre monde, une autre dimension. Nous sommes dans le quartier

Centre-Sud, à Montréal, un endroit habituellement paisible et calme. Pourtant la venue d'un policier, à pied, qui avance d'un pas rapide en regardant tout autour de lui, vient troubler cette quiétude.

Le policier s'arrête devant moi et me demande des renseignements sur un homme s'étant enfui avec un sac à main. Me décrivant cet homme, grandeur, couleur de cheveux, allure vestimentaire, il me demande si quelque chose de spécial s'est produit durant les dernières minutes dans notre rue. «Non, tout est calme.»

Une autopatrouille remonte la rue en sens inverse et s'arrête vis-à-vis de la maison voisine. Je trouvais tout à coup qu'il y avait beaucoup d'action. Le policier qui m'avait interrogée décide de poursuivre son chemin. Un peu plus loin, il ouvre la portière de l'autopatrouille et s'engouffre à l'intérieur. En un instant tout redevient calme, comme si rien ne s'était produit. Instinctivement je regarde ma montre, il est 14 h.

De retour à mes feuilles, je relis pour la troisième fois les quelques lignes que j'ai écrites mais, inexplicablement, je me sens attirée par le ciel, je me mets à le contempler, il est si magnifique. Tout à coup un sentiment de nervosité s'empare de moi. Pour le chasser j'appelle un ami et l'invite à souper. Ça tombe bien, ma petite sœur est justement à la maison pour le repas et je voulais lui présenter ce nouvel ami. La journée se poursuit, mais pas moyen de me défaire de ce sentiment ou plutôt pressentiment. Ma mère, chez qui j'habite depuis ma séparation, me suggère d'inviter notre meilleur couple d'amis à se joindre à nous pour le souper. Ce que je m'empresse de faire malgré le fait que nous sommes un jour de la semaine et que tous nous travaillons le lendemain.

Sur le chemin du retour, après quelques emplettes faites avec mon ami pour le souper, tout mon intérieur se met à trembler. Précisément à la hauteur de mon plexus solaire, un point m'empêche de respirer. Cela fait mal, à tel point que mon ami m'offre de me conduire à l'hôpital. Ce que je décline immédiatement, mes amis et ma famille m'attendent à la maison pour le souper. Juste avant de tourner le coin de ma rue, j'ai une forte intuition qui me conduit télépathiquement vers mon père. J'explique à mon ami que je suis reliée d'une drôle de façon à mon père et que ce malaise vient du fait que celui-ci doit se trouver dans une situation délicate.

Au même moment la pesanteur sur mon estomac disparaît, je me sens soulagée, je respire beaucoup mieux. Nous entrons dans la maison pour

préparer le repas. Ma mère et ma sœur sont étonnamment rivées à la télé, elles suivent de près une
nouvelle annonçant le décès d'un employé du Ca-
nadien National, survenu durant la journée, elles
croyaient alors que cela pouvait être notre père. Je
détourne les yeux et me dirige vers la cuisine en leur
disant que si cela avait été lui nous l'aurions su tout
de suite, il est maintenant tout près de 17 h et l'accident a eu lieu en début d'après-midi. De plus
j'avais parlé à mon père, employé par cette compa-
gnie, le vendredi précédent et il m'avait mentionné
qu'il serait en vacances pour tout l'été. Mais ma
sœur, qui habitait avec lui à ce moment, me confirme plutôt que notre père avait accepté un remplace-
ment de dernière minute la veille, soit le lundi.

Malgré tout, je suis comme dans un état second.
Tout mon intérieur est glacé. Je concentre mon attention sur mon couteau et sur mes légumes et j'essaie de ne pas écouter ma petite voix intérieure. Le
repas fin prêt, on passe à la table. Durant le souper,
on discute, on rit, la nourriture est délicieuse. Pour
le dessert et le café nous sortons sur la terrasse. Bien
assise, en position relaxe, tout mon corps se remet à
trembler. Je me dis alors, pour en finir avec toute
cette agitation intérieure, que je vais aller appeler
mon père et lui demander comment s'est passée sa
journée. À l'autre bout de la ligne c'est sa femme qui

me répond, elle me dit que mon père est absent pour le moment mais qu'elle souhaite me voir, elle me demande si elle peut venir tout de suite. Comme cela lui arrivait souvent dernièrement, je lui réponds qu'il n'y a aucun problème, que je l'attends.

À son arrivée, nous avons su tout de suite que l'employé en question, décédé durant l'après-midi, était nul autre que mon père. Son décès a été constaté à 13 h 50. Ma vie venait de s'écrouler. Je venais de perdre l'homme de ma vie. Je criais, je hurlais, alors une de mes tantes, qui accompagnait la femme de mon père venue nous annoncer la nouvelle, me prit dans ses bras en me secouant et surtout en me disant: «S'il y a quelqu'un qui est au courant de ces choses-là, c'est bien toi!»

Chapitre 1

Mon histoire

Les gens me posent souvent ces questions: «Comment as-tu su que tu étais comme ça?» «Comment c'est arrivé?»

J'ai réellement compris que j'étais différente quand j'avais douze ans. Je me suis étendue sur mon lit et j'ai pleuré, pleuré, je croyais que j'étais folle. Je me voyais dans une chambre toute blanche avec une camisole de force. Je sentais à l'intérieur de moi une force incroyable m'habiter. Le moment de panique passé, j'ai pris conscience que ce ne sont pas tous les gens qui voyaient ce que je voyais ou qui savaient, sans savoir, tout ce que je savais. Dans les mois qui ont suivi cet épisode, j'ai testé ma nouvelle découverte. Je jouais avec la petite voix qui me parlait à l'intérieur de moi. En fait, aujourd'hui j'appelle cette petite voix: l'intuition.

Mais un jour j'ai su, sans aucun doute possible, que j'étais différente... À l'âge de quinze ans, ma petite voix devint plus impérative encore. Un soir où nous étions à la maison, ma mère, mon copain et moi, un phénomène étrange se produisit. Cet incident allait mettre au grand jour le don que je possédais. Nous étions assis, mon copain et moi, sur le divan qui faisait dos à la cuisine. Ma mère lavait les dernières assiettes du repas. J'avais chaud et j'avais de la difficulté à respirer, pourtant nous étions à l'automne et le temps était plutôt frais. Je suis montée à l'étage me mettre un chandail plus léger et je revins prendre place sur le divan.

Ce changement n'avait pas produit l'effet escompté, j'avais toujours cette chaleur autour de moi. Une image me traversa alors l'esprit. Mon père. Je me levai et je décrochai le téléphone pour l'appeler à son bureau. Mes parents étaient en instance de séparation et je n'avais pas vu mon père depuis deux jours. Il vivait toujours à la maison avec nous, mais il passait beaucoup de temps à son deuxième emploi qui était celui de gestionnaire d'immeubles. À l'autre bout de la ligne, mon père décrocha le téléphone et sembla surpris de m'entendre. Je lui dis d'être prudent durant la soirée, car je me sentais toute drôle et j'avais de mauvais pressentiments. Se moquant un peu de moi et de «mes histoires», il me rassura en me disant que de toute façon il comptait rester à son bureau toute la soirée et que si je voulais lui parler, je pouvais le joindre sans problème. Je raccrochai et retournai au salon. Tout à l'intérieur de moi tremblait, ma respiration était rapide, mais je me contrôlais encore. Quinze minutes plus tard, le téléphone sonna: c'était mon père, il voulait savoir si j'allais mieux et si j'avais toujours ce pressentiment. Nous avons discuté encore deux minutes et juste avant de raccrocher mon père me dit: «Je t'aime, ma grande.» C'était la première fois en quinze ans que mon père me disait ces mots. Alors encore plus ébranlée, je retournai m'installer devant la télé. Ma mère cette fois était assise à la table de cuisine, juste derrière moi, et terminait son tricot. Tout était calme dans la maison. Ma sœur et une de ses amies jouaient à la poupée au deuxième étage dans notre chambre à coucher.

J'entendais en sourdine la chanson de Bonnie Tyler *Total Eclipse of the Heart*. Les cloches qu'on entendait en bruit de fond m'hypnotisaient. Soudain mon corps tout entier se mit à trembler, je respirais très vite et très fort. Tout à coup une voix sortit de ma bouche et je me mis à crier de façon incontrôlable «papa, papa!» sans arrêt. Mon copain, qui ne comprenait pas ce qui m'arrivait, se leva très vite pendant que mon corps se contorsionnait sur le divan. Il m'allongea du mieux qu'il put. Mon corps tremblait tellement que je m'élevais dans les airs. Je flottais littéralement, un pied au-dessus du divan. J'entendais au loin ma sœur crier et pleurer. Moi, je criais encore comme une litanie «papa, papa». J'avais l'impression que c'était une autre personne à l'intérieur de moi qui criait ces mots. Ma mère accourut immédiatement à mon chevet, au début elle me bouscula un peu et cria, mais elle crut comprendre mon état et d'une voix radoucie me demanda ce que je voyais. Tout doucement mon corps descendit sur le divan. Je tremblais toujours et ma voix devint de plus en plus faible. Je sentis qu'on posait une serviette froide sur mon front. Je pleurais, sans sanglots, seulement des larmes qui coulaient le long de mes joues. À nouveau ma mère me demanda ce qui se passait, ce que je voyais. Je lui décrivis alors une scène dans laquelle je voyais mon père longer un couloir, d'un côté il y avait un miroir et au sol un tapis. Je sentais mon père très nerveux, il était seul, il marchait rapidement. Je reconnaissais cet endroit, c'était le couloir de la gare centrale. Mon père avait dans les mains un sac de plastique blanc épais. Il y avait quelque chose de lourd à l'intérieur. Je me remis à crier «papa, papa». Je dis à ma mère qu'il ne fallait pas que mon père se rende à cet endroit. Les images étaient maintenant disparues. Je ne voyais plus rien mais je tremblais encore beaucoup et je disais toujours les mots «papa, papa» sans arrêt, mais avec une voix un peu plus calme.

Ma mère prit alors le téléphone et essaya de joindre mon père à son bureau. Bien qu'il m'eût dit de l'appeler quand je le voulais, qu'il serait là toute la soirée, aucune réponse ne venait. Elle essaya encore et encore. Ne sachant plus quoi faire elle décida d'appeler Urgences-santé. À l'autre bout du fil, on a commencé par poser des questions au téléphone pour finalement décider d'envoyer une ambulance sur place. Durant tout ce temps, ma mère essayait toujours de joindre mon père à son bureau. J'étais maintenant assise sur le divan. Je voyais ma petite sœur et son amie assises dans l'escalier, me regardant avec un regard effrayé. On sonna à la porte, c'était les ambulanciers. Ils installèrent leur boîte et leur matériel sur la table de la cuisine, un des infirmiers se mit à discuter avec ma mère, de ce qui s'était produit durant la soirée. Pendant ce temps, une infirmière vint s'asseoir près de moi. Elle me demanda si j'avais consommé des substances qui auraient pu occasionner ces hallucinations. Elle m'expliqua ce que sont les «champignons magiques» et le «papier buvard», et me recommanda fortement de lui dire ce que j'avais pris afin de me donner le meilleur remède pour contrer les effets de ces drogues. J'avais beau lui expliquer que je n'avais rien pris et que je ne m'étais même jamais approchée de telles substances, elle restait sceptique. Elle finit par décider de m'administrer du Valium par injection pour me calmer.

Ma mère, qui ne voulait pas que je reçoive la piqûre, tentait d'expliquer aux infirmiers que ce n'était pas normal ce qui se passait. Comme elle commençait à s'énerver un peu, l'infirmier lui suggéra fortement de recevoir un calmant elle aussi. Elle finit par leur dire: «Donnez-moi une dose parce que j'ai probablement eu des hallucinations moi aussi, je l'ai vue flotter à un pied dans les airs!» Après avoir reçu chacune notre dose de Valium, on sonna de nouveau à la porte, c'était au tour de la police de se présenter. À la demande des infirmiers, les policiers ont ouvert une enquête sur ce qui s'était passé durant la soirée. Après le départ des ambulanciers, on s'installa tous à la table de la cuisine et la police nous posa toutes sortes de questions. Ma mère et moi voyions bien qu'on ne nous croyait pas. Le constat de l'enquête: emprise du père sur la famille. Quand on se retrouva toutes les deux seules, ma mère me demanda de lui fournir d'autres détails concernant ce que j'avais vu. Tout d'abord ce qui m'avait frappée le plus, à part le sac de plastique blanc, c'était la façon dont mon père était vêtu. Un vieux manteau bleu pâle qu'il n'avait pas porté depuis dix ans, et un pantalon brun qu'il n'avait pas porté non plus depuis au moins quinze ans. Pour terminer, en ce moment, j'étais convaincu que mon père faisait quelque chose de mal. Rien d'autre n'apparaissait dans ce tableau où les images étaient pourtant très claires.

Très tard ce soir-là mon père rentra dans la maison comme si de rien n'était. J'étais étendue sur le divan, ma mère assise à mes pieds. Quand mon père franchit le seuil de la porte, mon sang s'est aussitôt glacé. Il était habillé exactement comme dans ma vision. Ma mère, qui ne l'avait pas vu vêtu de ces vêtements depuis plus de dix ans, est restée sans voix. J'ai alors regardé ma mère, ne sachant que faire ou que dire. Elle lui demanda tout simplement où il avait passé la soirée, et mon père lui répondit qu'il avait passé toute la soirée à son bureau. Ma mère et moi nous sommes à nouveau regardées et nous avons gardé le silence. Ça ne servait à rien de s'obstiner avec mon père, surtout à propos de ces «sujets». Nous avons donc gardé pour nous cette histoire. La seule vue de ses vêtements portés ce soir-là nous confirmait la possibilité que quelque chose s'était passé pendant la soirée.

C'est à partir de cet instant que j'ai réellement su que j'étais «différente». Et c'est aussi à partir de ce moment qu'une liaison télépathique très forte nous a unis, mon père et moi. D'autres phénomènes de transe spontanée, de moindre intensité, ont suivi et j'ai appris, Dieu merci, à les contrôler. Durant cette même période, je me suis aperçue que je pouvais communiquer avec des gens qui avaient trépassé dans un autre monde... qui existait malgré ce que la société nous enseignait.

Mon but en écrivant ces pages est de vous familiariser avec cette triste réalité qui nous arrivera tous un jour où l'autre, qu'on le veuille ou non, c'est-à-dire la mort. Ce livre vous aidera dans les moments difficiles où vous aurez à vivre seul le deuil d'une personne aimée. Il vous préparera aussi à comprendre ce qui vous arrivera lorsque le moment sera venu, pour vous, de partir faire ce dernier voyage. Comme je possède le don de pouvoir communiquer avec les esprits, je vous transmet à la fin des messages venant de gens décédés. Ces messages m'ont été envoyés, par télépathie, dans mes rêves et lors d'écriture semi-automatique. Peut-être y en a-t-il un pour vous?

Il est vrai que je prétends fréquenter les fantômes, et malgré le fait que nous sommes dans une société dite «ouverte», je dois encore faire attention aux sourires un peu moqueurs des gens qui m'entourent. De toute façon je ne cherche plus à prouver à ces gens une chose dont je suis convaincue, je suis seulement heureuse d'aider ceux, vivants ou décédés, qui ont besoin de moi. Et comme j'aime à le dire: si ce que je dis est bien fondé, nous pourrons en témoigner dans l'autre dimension en temps et lieu; si par contre ce que je dis n'existe pas... personne ne le saura jamais.

DÉMYSTIFIER LA MORT

Qu'est-ce que la mort? C'est le passage d'un état de conscience à un autre. Nous avons présentement une conscience terrestre, et la seconde suivante nous avons une ouverture plus grande et plus claire sur notre conscience. C'est la fin d'une étape importante, celle de la vie terrestre. La mission de vie que l'on s'était programmée s'est enfin accomplie. Et la façon dont nous quittons cette terre fait, elle aussi, partie intégrante de notre mission, pour soi mais aussi pour ceux qui restent. Sinon nous partirions tous de la même manière, sans douleur ni événement précis, et nous quitterions la vie tous au même moment.

La mort a depuis toujours une connotation négative, elle fait peur, elle est en tous les cas, définitive.
La mort pour certains signifie aussi le néant, rien.
Lorsqu'on communique avec les esprits et qu'on leur
dit qu'ils sont morts, ils répondent toujours non, car
selon eux la mort est synonyme de fin et après il n'y
a plus rien.

NOS CROYANCES FACE À LA MORT

Lorsque nous naissons, il est facile de croire à la
vie. Nous voyons la vie, nous la ressentons et jour
après jour nous devons concrètement affronter les
obstacles qui l'accompagnent. Par contre, nous ne
voyons pas avec nos yeux physiques la mort ou ce
qu'il y a après. Bien sûr, nous pouvons voir un corps
inanimé, qui n'a plus de pouls ni de signes vitaux.
Mais nous ne pouvons pas, à quelques exceptions
près, voir l'âme sortir du corps de la personne pour
quitter le plan terrestre ni la voir heureuse dans son
nouveau monde. Je dis «à quelques exceptions
près»; plus loin lorsque je parlerai de souffrance au
moment du départ, je vous ferai part du témoignage
du compagnon de travail de mon père. Peu de gens
sont revenus pour nous parler de ce qu'il y avait
après la vie, mais il y en a. Nous appelons ces expé-

riences EMI (expérience de mort imminente) ou NDE (*near death experience*). C'est surtout d'après ces expériences que nos croyances en la vie après la vie ont tendance à évoluer. Il n'y a pas de mal à croire qu'après la mort il n'y a plus rien, que c'est le néant, mais nous pouvons nous demander à quoi cela nous aura servi de vivre. D'avoir surmonté autant d'épreuves pour n'aboutir à rien sauf de savourer ces petites victoires à chaque obstacle surmonté. Il n'est pas mal non plus de croire qu'après la mort une autre vie continue. C'est le choix que j'ai fait, celui de croire que la vie se poursuit au-delà de l'étape de la mort physique. D'ailleurs, cette croyance m'a aidée à accepter le décès de plusieurs personnes très chères à mon cœur et pas toujours de façon sereine. Je parle très ouvertement de cette croyance car j'ai la chance de canaliser ces êtres, qui bien souvent veulent communiquer avec nous. Tout au long de ce livre je vous ferai part de certaines communications avec l'au-delà.

Quant à l'éducation des enfants face à la mort, parfois je crois qu'ils peuvent nous en enseigner plus que nous en savons. N'oublions pas qu'ils ont une vision de la vie quelque peu différente de la nôtre. Leurs esprits sont encore intacts de toutes croyances apportées par les hommes, relatives à la perte d'une personne. Certains enfants se souviennent, longtemps après leur naissance, d'où ils viennent, donc pour nous qui pensons qu'ils ne comprennent pas, c'est tout le contraire. Ce qu'eux comprennent, c'est que nous, nous restons ici avec notre peine, alors que ceux qui sont décédés sont tout simplement retournés dans leur maison. La fille d'un de mes amis, cinq ans, me demandait un jour où était mon papa. J'essayais de choisir mes mots pour lui expliquer que mon papa était parti au ciel près des anges. Elle me regarda et me dit tout bonnement: «Ah, ton papa est mort?» Mon fils avait sept ans lorsque je lui ai appris la nouvelle que le mari d'une de mes cousines, père de sept enfants, était décédé. Sa réaction a été de me dire: «Qu'est-ce qu'ils vont faire ses enfants s'ils ont plus de papa?»

SOI FACE À LA MORT

La mort, cette perfide inconnue, nous en avons peur. Mais ce qui nous fait réellement peur ce n'est pas seulement de mourir, c'est de savoir ce qui nous attend au moment de la mort et ensuite. Plus nous apprivoiserons la mort, plus nous serons prêts lorsque le moment viendra. Tous ceux qui sont allés «de l'autre côté» et qui en sont revenus sont unanimes à dire qu'ils n'ont plus peur de ce moment et qu'ils sont prêts à trépasser à tout instant. Lorsque nous faisons face à la mort nous faisons comme des autruches, nous préférons ne pas voir la Faucheuse venir quérir un être cher. Nous sommes bien souvent égoïstes, nous voulons que les gens que nous aimons restent ici, avec nous, le plus longtemps possible, et ce, même si ces personnes subissent une souffrance physique.

Ce qui nous fait réagir de cette façon, c'est l'inconnu et l'insécurité. Si nous pouvions être convaincus que les gens au moment du voyage vers l'au-delà sont escortés, attendus et bien accueillis et que surtout la vie continue de l'autre côté, nous les laisserions partir bien plus facilement. La mort est une séparation physique, mais non télépathique. Au moment de la mort, notre âme sort de notre corps physique, comme nous le faisons toutes les nuits. Sauf qu'au matin lorsque nous retournons dans ce corps nous continuons notre mission alors qu'une fois morts notre âme quitte pour toujours ce véhicule terrestre. Ce corps qui nous a servi durant toute notre vie, nous le laissons sans regret derrière nous afin que nos proches en disposent selon nos dernières volontés. Apprendre à apprivoiser la mort n'est pas toujours facile, croyez-le ou non, mais certaines personnes n'ont encore jamais eu à apprivoiser la mort. Personne autour d'eux n'est encore décédé. Complètement conscients de ce fait, ils ont extrêmement peur de leurs réactions lorsque l'événement aura lieu. Ils savent très bien que tôt ou tard ils auront à faire face à cette épreuve.

LES ÉTAPES D'UN DEUIL

Pourquoi? Cette question peut revenir souvent après l'annonce d'un décès. Pourquoi lui? Pourquoi elle? Pourquoi si jeune? Comme si quelqu'un avait fait exprès de venir chercher ces gens. Lorsque ma cousine Loulou est décédée subitement dans un accident de motocyclette, elle n'avait que vingt-huit ans. En parfaite santé, elle rayonnait de joie de vivre. Pas encore d'enfants mais plein de projets d'avenir. Puis un jour ce fut le drame. Je me suis posé la question: pourquoi elle? Et j'ai réalisé que sa mission était terminée. Terminée? Oui, mais qu'a t-on terminé à vingt-huit ans? Qu'a-t-on eu le temps de faire en vingt-huit ans? Puis j'ai compris. Compris que sa mission, elle l'avait accomplie près de chacun de nous. Dans mon cas, nous avons fait ensemble un dernier voyage au Mexique. Chaque année, nous avions l'habitude de partir ensemble, avec nos sœurs respectives, mais ce dernier voyage c'est avec moi seule qu'elle l'avait fait. Durant ce voyage, à son contact, j'ai appris plein de choses, entre autres sur la nature humaine. Regardez parmi ceux qui vous ont quitté, que vous ont-ils fait comprendre, que vous ont-ils fait réaliser?

La perte d'un être cher nous chagrine pendant plusieurs mois, voire plusieurs années. Selon certains psychologues, pour surmonter l'épreuve d'un deuil une période d'environ trois ans est essentielle à notre équilibre psychique et psychologique. Nous devons passer par l'état de choc, la négation, l'incompréhension, le refus et l'incrédulité. Mais si nos croyances tendent vers le fait que ces êtres sont beaucoup mieux et que nous pouvons communiquer avec eux quand nous en ressentons le besoin, cette période de deuil peut se faire plus courte. Pourtant, même si nous avons cette croyance, il faut y aller doucement et graduellement. Il faut pleurer la perte de cette personne, il faut la crier, se défouler. Ce n'est pas parce que cette personne est «au ciel» qu'il faut s'empêcher de lui crier des bêtises, de lui dire ce qu'on pense d'elle. De toute façon, de l'endroit où sont les êtres décédés, ils entendent nos pensées, ils lisent dans notre cœur et ils voient nos réactions, alors la seule personne à qui nous cachons ces gros mots c'est à nous-même.

Lors des premiers moments du départ, nous nous remémorons les derniers instants vécus avec la personne chère. La dernière fois que l'on s'est vus, la dernière fois que l'on s'est parlé, les derniers mots prononcés. En y repensant bien, nous pouvons réaliser que tous laissent des signes avant de partir, dans leurs gestes ou dans leurs paroles. Les six derniers mois avant sa mort physique, mon père avait un drôle de comportement. Les événements du matin du 6 juin furent encore plus flagrants. Sauf que nous ne comprenons ces signes qu'une fois que les personnes nous ont quittés.

Après une période de temps, relative à chaque personne, ce qui nous fait le plus mal c'est l'absence physique. Je dis «physique» parce que si nous nous arrêtions quelques instants, nous les entendrions murmurer tout près de notre oreille ou tout près de notre cœur. Je me suis surprise, plusieurs mois après le décès de papa, à décrocher le téléphone pour lui annoncer une bonne nouvelle. Dans ces moments-là, les larmes montent aux yeux et il faut les laisser sortir. Ces petits instants d'émotion envoient de l'amour sous forme d'énergie à ces âmes devenues esprits. Il faut comprendre que nous pouvons crier, hurler, pleurer, mais il faut aussi comprendre, et cela est très important pour leur évolution, que nous devons les laisser aller vers la lumière. Il est même souhaitable de les aider à s'élever vers cette lumière, par nos prières. Souvent, ce sont nos pleurs et nos paroles qui empêchent ces esprits d'évoluer. Plus ces esprits nous verront apprendre à vivre sans leur présence physique, plus il sera facile pour eux d'évoluer. Ces esprits savent bien que vous ne les oublierez jamais. Le plus beau cadeau que vous pouvez vous faire et le plus beau cadeau que vous pouvez leur faire est l'acceptation. L'acceptation de leur départ, tout en sachant qu'un jour vous serez réunis. Pensez qu'ils vous attendent et qu'au moment de votre départ ce seront eux qui vous escorteront dans le tunnel de lumière.

Le ménage. Conserver intacte une pièce de la maison appartenant au défunt, sur une longue période, est néfaste. Et pour les gens qui restent, et pour ceux qui sont partis. Ces derniers verront la peine secouer vos épaules chaque fois que vous entrerez dans cette pièce et ils ne pourront rien y faire sans votre aide. Ce qui les retarde dans leur évolution. De conserver quelques affaires ici et là dans la maison est tout à fait normal et respectueux. De doux souvenirs vous reviendront en mémoire, et ceux de l'autre côté seront bien contents. Disposer de façon respectueuse de leurs effets personnels est très important, surtout si de leur vivant ces gens étaient matérialistes. L'évolution dans l'autre monde est différente pour chaque personne, il est vrai que nous retrouvons une conscience plus ouverte, donc non matérialiste, mais pour certains, le temps d'évolution est plus long, donc ils ont le temps d'avoir des réactions face au dispersement de leurs biens. Mon père détestait lorsqu'on fouillait dans ses affaires, surtout dans ses outils. Quand est venu le temps de faire le ménage dans ses affaires personnelles, plusieurs petits faits cocasses sont arrivés, mais surtout je ressentais sa colère, sa frustration. Je le sentais faire les cent pas tout autour de nous. Une autre croyance populaire que j'entends souvent est celle-ci: on doit retourner toutes les photos du défunt pour un an. Il n'est pas bon de retourner les photos, de tout cacher de ce qui appartenait à ces gens. Imaginez un instant que vous partiez en voyage pour quelque temps et qu'au moment où vous quittiez la maison on se dépêchait de sortir toutes vos affaires et de faire en sorte que vous n'ayez jamais habité cet endroit. Nous verrons un peu plus loin que de retrouver leurs effets personnels dans un endroit connu peut aider les esprits à évoluer et à retourner vers la lumière.

Il est aussi très important de respecter leurs dernières volontés. Le temps de réaliser où ils sont varie, encore une fois, d'une personne à l'autre. S'ils avaient formulé telle ou telle demande, ils se rendront plus facilement à l'évidence qu'ils sont morts s'ils voient les gens exécutent leurs dernières volontés. Et pour ceux qui exauceront ces dernières demandes, ce sera une occasion de les aider à réaliser que la personne est «réellement» partie.

LA MORT INÉVITABLE?

Inévitable dans les circonstances où nous y arriverons tous un jour, oui. Mais inévitable à un moment précis? Non. Il y a certaines circonstances où nous pouvons revenir et d'autres où, notre mission étant complétée, nous devons rester dans l'au-delà. Le retour. Pour qu'il y ait un retour, il faut déjà qu'il y ait eu un départ. Comme le temps de l'autre côté est relatif, nous avons l'impression d'avoir le temps de raconter une histoire longue de quelques minutes, alors qu'en fait elle n'a duré que l'espace de quelques secondes sur le plan terrestre. Selon nos croyances, lors de l'entrée dans le fameux tunnel de lumière, on communique avec nous de façon télépathique. Parfois les gens partis avant nous viennent à notre rencontre, ils nous apparaissent avec l'image que notre esprit a conservée d'eux de leur vivant. De là, après l'effet de surprise, on échange des embrassades pour ensuite parler de choses plus sérieuses, telles que l'accomplissement de notre mission. C'est aussi à ce moment qu'arrive ce que nous décrivons comme «voir dérouler le film de sa vie». Nous voyons défiler à toute allure les étapes importantes de notre vie. Et lors du déroulement nous en faisons une analyse partielle. Si nous jugeons que notre mission n'est pas complète, nous pouvons selon notre libre arbitre choisir de revenir pour achever notre travail. Il arrive même que nous revenions avec de nouveaux outils, afin de nous aider à mieux remplir notre mission. La décision prise, de rester ou de revenir, nous sommes instantanément de retour dans la situation terrestre ou nous continuons notre chemin vers la lumière et vers ceux qui nous attendent. Il existe bien entendu un point de non-retour. Ce point de non-retour n'est pas un point physique comme le début, la moitié ou la fin du tunnel, pourtant beaucoup de gens le croient. C'est plutôt un moment, c'est-à-dire le moment où dans notre cœur nous sommes convaincus soit de revenir, soit de rester, quand le réveil à la vie ou le trépas se fait.

Vous êtes vous déjà demandé pourquoi lors d'un grave accident où l'on retrouve de la tôle froissée partout et où il semblerait que la vie ne peut résister, on crie au miracle car la personne s'en est sortie sans égratignures? Pourquoi dans un autre accident où il y a seulement eu un accrochage, la personne a perdu la vie? C'est ce que l'on appelle le libre arbitre. Dans le cas du «miracle», on peut présumer que la personne avait encore quelque chose à accomplir ici-bas, qu'elle devait poursuivre sa mission, que la mort lui a donc été épargnée, pour cette fois... Alors que dans l'autre cas, la personne a probablement cru qu'elle avait fait tout ce qu'elle devait faire et a considéré sa mission comme complétée. Parfois, certains ont connaissance de cette brève incursion dans l'au-delà, alors que d'autres n'en garderont aucun souvenir. À partir de ce moment, nos croyances évoluent selon ce que nous ramenons comme images, sensations et émotions de cette expérience. Lorsque nous choisissons de revenir, il arrive à l'occasion qu'on nous montre des probabilités de ce qui nous attend. Dans ce cas, ce n'est pas par pur plaisir ou par divertissement, c'est dans l'unique but de faire évoluer une situation bien concrète, celle dont on nous montre l'éventuel déroulement. Ces images, sensations et émotions seront imprégnées dans notre subconscient, de telle sorte que lorsque les événements se produiront dans notre vie, nous saurons instinctivement ce que nous devrons faire et notre intuition nous guidera. Dans le cas où nous choisirons de rester «en haut», nous serons aussitôt pris «en charge» et notre voyage vers l'au-delà s'amorcera.

LA SOUFFRANCE AU MOMENT
DE LA MORT

Encore une fois, ici, la souffrance fait partie intégrante de ce que nous avons à apprendre pour évoluer. On parle de souffrance liée à la maladie, à un acte de violence ou à un accident. Dans un cas comme dans l'autre, nous souffrons par choix. J'entends d'ici les objections à cette dernière phrase. Si vous êtes parent ou tout simplement si vous aimez quelqu'un, vous serez d'accord avec moi: vous ne voudriez pas voir souffrir votre enfant, votre amour, n'est-ce pas? Alors comme nous sommes tous enfants de Dieu, celui-ci ne voudrait pas nous voir souffrir sauf si nous l'avons choisi pour l'accomplissement de notre mission. La souffrance en elle-même n'est pas notre mission, c'est ce qu'elle occasionne dans notre vie. Une personne qui traverse un cancer vous parlera de tout ce qu'elle a réalisé durant ce cheminement, très rarement parlera-t-elle de la souffrance physique en elle-même. Cette personne malade aura évolué à la suite de ce cancer. Nous serions bien égoïstes de penser que nous vivons la maladie seulement pour notre évolution personnelle. Détrompez-vous, la personne vivant la maladie le fait entourée de gens et ces gens auront une leçon à tirer de cet événement pour leur propre évolution. Parfois, les gens meurent sans avoir eu à souffrir. Vous avez déjà entendu la remarque: «Tout s'est fait très vite, la personne n'a pas souffert», des mots que nous disons afin d'apaiser les proches. En fait, nous disons vrai. L'âme a eu le temps de sortir de son corps physique avant même de sentir la douleur d'un terrible accident ou d'un terrible acte de violence.

Je reviens à l'accident de mon père. Je mentionnais un peu plus tôt que je vous raconterais qu'il était exceptionnel de voir l'âme quitter un corps physique pour le voyage vers l'au-delà. J'ai rencontré personnellement un de ces êtres exceptionnels. Durant les trois jours où mon père fut exposé, de nombreuses personnes sont venues lui rendre un dernier hommage. Beaucoup étaient de ses collègues de travail, et au travail on aimait ou on n'aimait pas mon père. Il ne laissait personne indifférent. Comme mon père est décédé dans un accident, on entendait murmurer toutes sortes de suppositions. Disons que l'accident était loin d'être banal. Au début de la troisième journée, l'autre employé qui travaillait avec mon père ce jour-là se présente au salon. Comme il se montrait incapable d'aller plus loin que le petit bureau de l'entrée, on le fit asseoir sur un siège confortable dans ce même bureau. Encore en état de choc, il tenait néanmoins à venir nous offrir ses condoléances. Depuis la veille, une rumeur circulait autour du décès, je voulais en avoir le cœur net. Ma

sœur et moi étions accroupies devant cet homme assis, pour ne pas dire écroulé, tentant de raconter, au
début à mots couverts, ce qui était arrivé le 6 juin.

«Nous étions debout, à l'extérieur du dernier wagon du train de marchandises, chacun sur une plate-
forme à la croisée d'un passage à niveau non protégé.
Moi du côté où les véhicules venaient, Daniel de
l'autre côté. J'ai fait signe au tracteur semi-remorque
qui attendait au passage à niveau de rester là et de ne
pas bouger. Mais le camion s'est mis à avancer en
même temps que nous reculions. J'ai immédiatement
sauté à terre et j'ai crié: "Daniel saute!" J'ai crié tellement fort qu'il m'a entendu, c'est sûr. Il aurait eu le
temps de sauter, j'ai crié encore une fois juste avant
l'impact et c'est à ce moment que j'ai vu...»

Ma sœur et moi retenions notre souffle, nous lui
fîmes savoir qu'il pouvait nous raconter ce qu'il
avait vu, que nous étions ouvertes à ce «genre d'histoire». Nous lui tenions toute les deux la main. En-
couragé, il poursuivit son récit.

«Juste avant l'impact, j'ai vu une grande lumière
blanche, juste au-dessus du train, tellement blanche
que je devais pratiquement me cacher les yeux. J'ai
crié en regardant au ciel: "Daniel!" Mais je savais à
l'intérieur de moi-même qu'il était parti.»

Et voilà que l'âme de mon père a quitté son corps avant que l'impact entre le train et le camion ne se produise. Plusieurs années auparavant, j'avais adhéré à cette théorie, celle qui dit que l'âme ne souffre pas lors d'un accident physique, s'il y a décès. Pourquoi souffrirait-on tout juste avant de trépasser?

Quelle en serait l'utilité? Aucune!

Chapitre 2

Le retour a la maison

En quittant la terre, où allons-nous, que deve-
nons-nous? Il est important de vous poser la question car c'est ce que vous croyez aujourd'hui, jusqu'à
ce qu'une nouvelle croyance la remplace, qui vous
attend lorsque vous serez mort physiquement. En
laissant son enveloppe corporelle derrière elle,
l'âme retourne à son pays natal: l'au-delà. Si pendant son incarnation terrestre l'âme était d'une nature spirituelle, il n'y aura aucun problème lorsque le
changement de conscience s'effectuera. Cela se fera
en douceur, avec des gens que nous n'avions pas vus
depuis longtemps. Là-haut c'est la fête, on accueille
le retour de l'enfant prodigue, comme l'athlète qui
revient dans son pays après avoir récolté la médaille
d'or. Par contre, ceux qui n'ont jamais cru à la vie

après la mort prennent un certain temps avant de comprendre ce qui leur arrive. Pour eux le transfert est plus long. Les anges et les guides de cette personne essaient, au mieux de leurs connaissances, de faire intégrer cette personne à son nouveau foyer. C'est une des principales raisons pour lesquelles il arrive que nous ne puissions communiquer avec une personne qui vient tout juste de mourir. Les âmes lorsqu'elles arrivent dans l'au-delà se retrouvent dans l'univers de leurs croyances. Si une âme croit au paradis et qu'elle juge avoir été une bonne personne durant son incarnation terrestre, alors elle se retrouvera dans un environnement qui reflétera cette croyance. Par contre si une âme croit à l'enfer et que durant toute sa vie terrestre elle a pensé qu'elle irait droit en enfer, lorsque sa conscience lui reviendra après son décès le décor qui l'entourera aura le reflet de l'idée qu'elle se fait de l'enfer.

Au moment de la mort, que se passe-t-il? Tout d'abord, une sensation de bien-être et de légèreté pénètre en vous, par la suite une douce chaleur vous envahit. Vous êtes irrésistiblement attiré vers une lumière blanche, qui commence comme un point lumineux au loin, pour ensuite grandir au fur et à mesure où vous avancez vers elle. C'est le calme, le silence total, vous avez la sensation de flotter comme en apesanteur. Arrivé dans cette lumière, vous regardez tout autour et vous avez l'impression qu'elle vous enveloppe, la lumière forme comme un passage. C'est pour cette raison qu'on appelle cette impression: le tunnel. C'est dans celui-ci que vous retrouverez vos croyances.

LA LUMIÈRE

À plusieurs reprises, vous entendrez parler d'aller «reconduire» les esprits vers la lumière. Je vous explique donc ce qu'est la lumière.

La lumière est une source lumineuse qui éclaire ce qui est devant nous, sans elle nous ne verrions pas où nous mettons les pieds, nous ne pourrions pas nous servir de nos yeux. C'est la même chose dans l'au-delà, sauf que la lumière n'est pas utile pour nos yeux, parce que nous n'avons pas la vision d'après cet organe, mais elle est utile pour notre conscience. Plus nous sommes dans la lumière et plus notre conscience s'éclaircit. Plus elle s'éclaircit, plus nous comprenons ce qui nous arrive et nous évoluons. Cette lumière est aussi emplie d'amour, de chaleur. À travers elle nous nous sentons bien, en sécurité, aimés et en harmonie avec ce qui nous entoure. C'est pourquoi les esprits du bas astral qui n'acceptent pas ou ne comprennent pas leur état se retrouvent dans la noirceur totale. Ils ne voient pas où ils vont, leur conscience est encore très terrestre. Notre travail à tous est d'envoyer ces esprits vers cette lumière, cela fait partie de notre mission.

Comment faire pour envoyer ces esprits vers la lumière?

- Fermez vos yeux, concentrez-vous sur ce que vous voulez faire.

- Faites taire votre mental ou votre côté logique.

- Imaginez-vous rempli d'énergie de couleur pastel, de couleur douce.

- Imaginez cette énergie de plus en plus brillante, de plus en plus claire.

- Imaginez-la de plus en plus grande autour de vous et à l'intérieur de vous.

- Imaginez que cette énergie est de l'amour pur, inconditionnel.

Maintenant que cette énergie vous a bien nourri, dirigez-la vers l'esprit. Imaginez-le maintenant empli de cette belle énergie et dites-lui télépathiquement de se diriger vers la lumière, dites-lui qu'il ressentira la même émotion dans celle-ci et même mieux.

Parfois les esprits ont peur de cette lumière, ils ne savent pas ce que c'est et ils hésitent à se diriger vers elle. Mais avec notre énergie et notre confiance ils sont plus enclins à pénétrer cette lumière. Voici l'histoire d'un homme qui, justement, avait peur de cette lumière.

Yves

Nous sommes dans un salon d'ésotérisme. C'est une exposition où plusieurs voyants et intervenants sont réunis, j'y fais des consultations de voyance toute la fin de semaine. Mon kiosque est bien décoré et j'y ai mis des vibrations d'amour pour que les gens s'y sentent bien. Il contient entre autres trois chaises pour les gens en attente de leur consultation, une table pour mon hôtesse et mon coin avec ma table et mon paravent.

Au moment d'avoir un entretien avec une dame, je sens un esprit entrer dans mon kiosque. Il s'assoit sur une des chaises d'attente, la première sur le bord de l'allée centrale. Je crois que l'esprit est là pour la dame qui consulte, mais après avoir analysé les vibrations de l'esprit je me rends compte qu'il n'est pas là pour elle. Je termine ma consultation et je profite d'une pause pour me «brancher» sur ce nouveau venu.

Je le vois mentalement, c'est un homme âgé d'une cinquantaine d'années, plutôt maigre. Il est vêtu d'un pantalon gris et d'un chandail bleu. Il ne s'est pas encore aperçu que je l'ai remarqué. Il regarde dans l'allée les gens qui passent, il est très nerveux, il n'ose pas bouger. Je pénètre ses vibrations et je m'aperçois que cet homme vient de perdre la vie et qu'il s'est perdu. Dans une exposition de ce genre, il est très fréquent de rencontrer des esprits, c'est un lieu où toutes les énergies convergent vers un même but. Il s'y dégage comme une lumière, un peu différente de celle décrite plus haut, mais pour les esprits désirant communiquer avec les âmes c'est un endroit privilégié. Tout comme ceux qui sont perdus, ils suivent cette lumière et se retrouvent parmi nous. Les esprits découvrent des gens physiques pouvant comprendre et transmettre leur message, alors ils font la file devant ces médiums et attendent leur tour.

En étant branchée sur cet esprit, j'en profite pour regarder ce qui se passe sur ce plan astral. Il y a plein d'esprits qui discutent, qui analysent et qui bien sûr transmettent leurs messages. Je reviens vers celui assis sur ma chaise. Je le sens perturbé, triste, et tout à coup une grande peur l'envahit. Je reviens sur le plan physique lorsque mon hôtesse s'adresse à moi. Elle vient de répondre à deux clientes, l'une d'elles s'assoit en face ce moi et l'autre s'assoit sur une des chaises d'attente. Curieusement, elle est venue pour s'asseoir sur la première mais juste avant de s'y laisser tomber, elle a eu comme un sursaut et s'est finalement assise sur la deuxième chaise. Mon hôtesse a elle aussi remarqué ce geste, c'est pourquoi après la fin des deux consultations, elle me demande s'il y avait quelqu'un d'assis sur la première chaise. Elle avait ressenti une présence dans le kiosque mais ne savait pas à qui elle appartenait. Je lui explique la présence de cet esprit, il est d'ailleurs toujours là, insensible à ce qui se passe dans mon kiosque mais sensible à ce qui se passe à l'extérieur de celui-ci. C'est comme s'il se sentait en sécurité, s'il ne savait pas pourquoi et ne se posait pas de question. Par contre je sens qu'il cherche quelqu'un. Il est assis de côté sur la chaise, le bras appuyé sur le dossier. Un peu plus calme qu'au début.

Mario, l'hôte du kiosque à côté du mien, entre au moment où nous discutons de cet esprit. Voulant s'asseoir, il hésite lui aussi au-dessus de la première chaise et finalement s'assoit sur la deuxième. Mon hôtesse et moi nous regardons et partons d'un grand éclat de rire. Sous le regard surpris de Mario, je m'empresse de lui dire qu'un esprit est assis sur la chaise à côté de lui.

De retour à ma table de consultation, je rencontre mes derniers clients de la journée. À la fin du salon, nous emballons notre matériel et nous descendons au garage chercher la voiture. Je ne pense plus à l'esprit. Durant le trajet du retour, nous discutons de notre journée et nous nous demandons à quel endroit nous irions bien souper. Après quelques minutes de silence, Mario me demande: «Est-ce que c'est possible que nous ayons ramené l'esprit du monsieur avec nous?» Je me retourne, l'esprit est assis à côté de Mario, il regarde par la fenêtre avec la main sous le menton. Alors je réponds à Mario que l'esprit est bel et bien à côté de lui, tout en me disant qu'il faudrait que j'établisse la communication avec cet esprit. Nous arrêtons dans un restaurant, on nous conduit à une table pour quatre. Nous sommes trois, Mario, Claude et moi. Aussitôt assis, je sens l'esprit prendre place sur la quatrième chaise. Je le regarde et je l'entends dire: «J'ai faim.» Je lui demande télépathiquement ce qu'il a envie de manger, il me regarde et semble surpris que je l'entende. La seconde d'après il s'évanouit, je ne le sens plus et ne le voit plus, il s'est enfui, je lui ai probablement fait peur. Nous terminons notre café puis allons directement à la maison. Aussitôt arrivé je dis bonne nuit à Claude et Mario, je les laisse discuter au salon et je m'en vais à ma chambre. Je me déshabille, enlève mes verres de contact, éteins ma lumière et me glisse sous mes couvertures. Je ferme les yeux, aussitôt je sens une présence dans ma chambre, j'ouvre les yeux, les portes de ma garde-robe sont ouvertes et à l'intérieur se cache l'esprit du salon d'ésotérisme.

Il me regarde timidement, les bras devant lui comme pour se protéger, je vois de la peur dans ses yeux. Je ferme alors à nouveau mes yeux et je me branche sur ses vibrations. Je lui parle télépathiquement. Je lui dis de ne pas avoir peur, je lui envoie aussitôt une énergie d'amour. Je le sens s'approcher. Je demande alors à mon père de m'aider à l'envoyer vers la lumière, aussitôt mon père arrive près de moi et me dit: «Fais-le toute seule, tu es capable, je suis derrière toi.» Je vois mon père derrière moi à ma gauche, il me fait un beau sourire. L'esprit est devant moi, je me concentre, je forme une grande bulle d'énergie d'amour et je lui envoie. L'esprit s'élève comme dans un tourbillon, ses lèvres forment un grand sourire. À ce moment, je vois arriver à ma droite une femme, elle saute de joie, elle prend l'esprit par la main et me regarde. Elle me dit trois fois merci et m'explique qu'elle avait perdu cet homme un peu plus tôt dans la foule lors de l'exposition. Elle me remercie encore une fois d'avoir pris soin de lui, et l'esprit toujours entouré de l'énergie que je lui avais envoyé je les vois partir vers cette lumière divine. J'ouvre les yeux, me demande si je n'ai pas rêvé et sur ma joue coule tranquillement des larmes de joie et d'émotion. Je me retourne sur le côté et m'endors sur ces images.

Quelques jours plus tard, je reçois une nouvelle visite de cet esprit. Il est revenu me dire merci. Il me dit qu'il s'appelle Yves et qu'il a été très heureux de me rencontrer. Que c'est grâce à l'amour qui se dégageait de mon kiosque s'il s'était arrêté sur une de mes chaises.

L'ACCUEIL

L'esprit est accueilli par ceux qu'il croit viendront l'accueillir. Vous avez sûrement une petite idée de ceux qui vous accueilleraient demain matin si vous partiez. Votre père, votre mère, un frère, une sœur, une cousine, une amie. Il y en a qui ont comme croyance que ce sera leur ange gardien, Jésus ou Dieu lui-même. Ces personnes seront toutes présentes et plusieurs autres aussi. Vous pourrez alors échanger sur votre mission terrestre et sur ce qui vous attend plus loin.

Bien souvent pendant que nous qui restons ici pleurons, eux là-haut font la fête. Ils célèbrent dans la joie le retour de cet esprit. Combien de fois entendez-vous dire lors de la petite réunion qui suit le service du défunt: «Il ne voudrait pas qu'on pleure ou qu'on soit triste. Il voudrait sûrement qu'on s'amuse et qu'on rie.» Cette phrase a fait son chemin jusque dans l'âme d'une personne réceptrice aux esprits et celle-ci a laissé échapper l'expression. Rire et s'amuser lors d'un enterrement n'a rien d'irrespectueux envers le défunt, au contraire c'est l'énergie qui se dégage de tous ces gens qui rient qui lui est envoyée et c'est cette belle énergie d'amour et de plaisir qui le fait grandir.

Lors du service funèbre de mon père, je me rappelle m'être approchée de sa tombe en tenant par la taille ma sœur, Jeanne. Mes larmes n'arrêtaient pas de couler, je sentais arriver de gros sanglots, lorsque j'entendis très clairement à ma gauche la voix de mon père: «Voyons ma grande, pleure pas comme ça!» Du coup je me suis mise à rire, c'était tellement bon de l'entendre parler et de le voir sourire, il semblait tellement heureux. À la suite de cette manifestation, je suis restée sereine pendant un bon bout de temps.

Dans bien des pays et cela depuis très longtemps, certains services funèbres sont célébrés dans la joie, avec de la musique, des chants et de la danse. Les gens sont heureux pour celle ou celui qui vient de partir. Ils font une grande fête et cette fête peut durer plusieurs jours. Chacun vit son deuil d'une manière différente et l'important est que chacun se sente bien. Présentement, nous assistons de plus en plus à des services funèbres différents de ce qu'on a l'habitude de voir. De plus en plus le service ressemblera à la personne décédée, ce sera vraiment lui rendre hommage que de faire un service à son image. Parmi mes dernières volontés, je souhaite que la fête, la musique et les lectures spirituelles fassent partie de mon service.

Vous savez, les esprits là-haut ont autant de peine que nous d'être séparés. À leur décès, les émotions ne s'arrêtent pas, au contraire elles sont beaucoup plus puissantes qu'avant. Alors lorsque vous avez de la peine, l'esprit lui aussi a de la peine. Il ne peut plus vous prendre physiquement dans ses bras pour vous consoler, il doit s'adapter. Il doit trouver une nouvelle manière d'entrer en contact avec vous. Il faut l'aider en lui envoyant de l'amour et en lui montrant que vous comprenez.

LORSQUE L'ÂME DEVIENT ESPRIT

On se perd quant à tous les noms donnés à ce qu'il y a à l'intérieur de nous. Âme, conscience, esprit, etc. Les esprits nous disent souvent lors de leurs communications que nous manquons de vocabulaire pour communiquer avec eux, que les mots ici-bas ne correspondent pas toujours aux sensations qu'ils veulent nous décrire ou aux phénomènes qu'ils vivent, et ils n'ont pas tort. Prenez par exemple l'expression «je t'aime»; vous allez dire cette phrase dans le creux de l'oreille de votre amour, ensuite vous allez redire cette phrase devant l'air attendrissant de votre enfant, et la répéter encore concernant la relation d'amitié qui s'est installée entre vous et votre ami. Vous avez dit la même expression trois fois, mais elle ne voulait jamais dire la même chose. Les émotions ressenties la première fois voulaient probablement exprimer un désir envers cette personne, elles voulaient aussi dire tout le bien-être éprouvé après un baiser. La deuxième fois, devant l'air attendrissant de votre enfant, vous vouliez qu'il ressente un peu ce que vous ressentez, vous vouliez lui dire que vous vous sentez privilégié d'être avec lui. La dernière fois, vous avez employé ces mots pour traduire la confiance que vous avez et le fait que vous êtes sur la même longueur d'onde que cet ami.

À la suite d'un voyage astral, un de mes amis me rapporte un message de mon père. Dernièrement, je trouvais difficile la communication avec lui, c'est comme si je le sentais occupé ailleurs. Je n'arrivais pas à savoir exactement ce qui se passait. Le message de mon père était qu'il suivait des cours de «valent» et qu'il était très occupé, mais qu'il pensait à moi et qu'il était toujours là. J'ai cherché la définition de ce mot partout et je n'ai rien trouvé. Ce mot n'existe pas ici. Lorsque mon ami lui a demandé en quoi consistait ce cours, papa lui a fait un petit sourire en coin, bien caractéristique chez lui, qui voulait dire «mystère»!

C'est en ce sens que les esprits nous disent que nous n'avons pas assez de vocabulaire. Dans certaines de leurs communications, je ne comprends pas toujours ce qu'ils veulent dirent. Ils emploient des mots qui ici n'existent pas. J'en ai déjà vu qui soupiraient parce qu'ils ne trouvaient pas le mot jus-

te à mettre sur une émotion qu'ils voulaient transmettre. Et lorsque les esprits communiquent avec
moi, leur débit est très rapide, alors je dois être très
attentive à ce qu'ils disent et je dois comprendre très
vite aussi.

C'est pourquoi je ferai ici la différence entre le
mot âme et le mot esprit.

L'âme est un être vivant, sur un plan d'évolution
terrestre ou autre, c'est un être bien distinct, qui a
revêtu pour l'exécution de sa mission une enveloppe
corporelle. Il s'apprête en quelque sorte à poursuivre
son évolution dans une nouvelle sphère. Muni de
force antérieure, l'âme possède généralement tout
ce qu'il lui faut pour entreprendre son périple sur ce
plan. L'âme quitte chaque nuit cette enveloppe corporelle pour se retrouver libre. L'âme de chaque individu est unique, avec ses qualités, ses défauts, ses
handicaps et ses talents, et chaque âme atterrit ici
sur le plan terrestre avec une mission à accomplir.
Une partie de sa conscience lui est toutefois cachée,
pour l'accomplissement de sa mission. L'âme ne se
retrouve pas qu'à l'intérieur de chaque être humain,
elle se retrouve à l'intérieur de chaque animal, de
chaque plante, de chaque arbre, à l'intérieur de tout
ce qui est vivant.

L'âme, c'est aussi une petite lumière à l'intérieur de nous-mêmes que nous retrouvons aussitôt que nous replongeons dans cet intérieur. Au contraire de notre enveloppe corporelle, l'âme n'est ni tangible ni matérielle. Elle sert de lien avec l'au-delà, car c'est à travers elle que nous communiquons avec les esprits. Notre âme est munie d'une intelligence, d'une conscience «terrestre» et d'un subconscient. C'est dans ce dernier que sont accumulées toutes les expériences et évolutions passées. C'est dans cette partie de nous-mêmes que nous remontons puiser certains dons, certaines intuitions. L'âme possède un corps pour évoluer toujours sur ce plan terrestre. Mais elle possède aussi une énergie qui entoure ce corps. On l'appelle l'aura ou le corps éthérique. C'est une énergie brillante, illuminée, parfois même électrique. Plusieurs personnes sont nées avec le don de voir l'aura des gens, des plantes, des arbres, des objets, et ce, sans effort. L'aura est une énergie qui se dégage de notre enveloppe corporelle, c'est comme si notre âme rayonnait au-delà de cette enveloppe. Notre aura révèle beaucoup de choses sur l'état de notre âme. Lorsque nous sommes joyeux, heureux, contents, elle peut atteindre plus de 120 cm autour de nous. Elle devient très brillante, claire, sans impuretés. Alors qu'à d'autres moments, lorsque nous sommes tristes, grincheux, stressés ou repliés sur nous-mêmes, notre aura peut être perceptible seulement à 1 cm tout autour de nous. Elle a tendance à être terne, avec parfois des taches sombres en différents endroits. Elle est toujours accompagnée de couleur, tantôt elle est rouge, tantôt elle est bleue, à d'autres moments elle contient toutes les couleurs. Nous pouvons même nous amuser avec elle, nous pouvons la faire grandir, la faire rapetisser ou la ranger dans notre poche lorsque nous nous retrouvons devant des personnes qu'on appelle des vampires, c'est-à-dire celles qui aspirent notre énergie. Il y a des personnes qui possèdent le don d'interpréter les couleurs et la forme des auras. Au fil des ans, les couleurs et les formes changent, elles suivent notre évolution.

Je vais appeler esprit toute âme qui s'est libérée de son corps physique et qui a passé la phase de l'acceptation. L'esprit est un être qui a sa pleine conscience et qui vit dans le monde, pour nous, invisible. Il est comme le vent, on ne le voit pas, mais il nous arrive de le sentir et de l'entendre. Il est libre. Il sait ce qu'il doit faire et il est appelé à connaître une certaine évolution lui aussi. Tout comme nous, les esprits ont leur mission, souvent beaucoup plus divine, mais ils doivent tous l'accomplir avant de passer à un autre plan ou à une autre étape. L'esprit est comme une boule de lumière, une sensation d'amour, il ne possède aucun élément physique, c'est-à-dire qu'il ne possède plus d'enveloppe corporelle. Il se retrouve plus près du divin, il vit dans l'amour et dans la compréhension.

«Pour nous, seule l'enveloppe corporelle fait une différence.»

«C'est un être qui est dans une autre dimension et avec qui vous pouvez communiquer en tout temps. Nous sommes vos amis, ne l'oubliez pas!»

Dans ce livre, lorsque j'utiliserai le mot âme ce sera pour qualifier ces êtres vivants que nous sommes, et lorsque j'utiliserai le mot esprit il servira à désigner ceux qui sont dans l'invisible.

LE PASSAGE

Le point de non-retour est franchi depuis quelque temps déjà. Vous avez choisi de rester dans l'au-delà, votre mission étant accomplie. Si vous n'êtes pas en mesure de faire un choix évolutif, une énergie bienveillante veillera à vous aider à faire ce choix.

Le tunnel passé, les amis rencontrés, vous allez maintenant retrouver les âmes connues dans vos autres vies. Petit à petit, votre mémoire vous revient, comme un voile qui se déchire. Le trouble qui suit la mort n'a rien de pénible pour l'âme, il est calme et ressemble à un réveil paisible. Pour celui dont la conscience terrestre n'est pas pure, il est plein d'anxiété et d'angoisses qui augmentent à mesure que la lumière se fait dans sa conscience. La durée du trouble qui suit la mort est très variable; elle peut être de quelques heures, comme de plusieurs mois et même de plusieurs années, nous parlons ici de temps terrestre. Ceux qui se sont identifiés de leur vivant à leur état futur comprendront immédiatement leur position.

TEMPS DE COMPRÉHENSION

Il est relatif à chaque personne et en accord avec ses croyances. Si ce à quoi vous vous attendez est ce que vous voyez, vous ne serez pas trop dépaysé. Par contre, il se peut que cela ne corresponde pas tout à fait à ce que vous vous imaginiez. Alors il faudra un certain temps pour vous adapter à votre nouvelle situation. Vous souvenez-vous du film *Mon fantôme d'amour*? Lorsque l'acteur Patrick Swayze se lève debout à côté de son corps, il est perdu, il ne comprend pas comment il se fait qu'il peut se voir là, étendu par terre dans les bras de sa femme. Les gens qui partent subitement ont quelquefois de la difficulté à réaliser qu'il sont maintenant dans l'au-delà. C'est le cas dans des circonstances particulières et surtout selon le genre de mort. Dans les morts violentes — suicide, accident, crise cardiaque, blessures, etc. —, l'esprit est surpris, étonné et ne croit pas être mort; il le soutient avec obstination, pourtant il voit son corps, il sait que ce corps est le sien et il ne comprend pas qu'il en soit séparé. Il va auprès des personnes qu'il aime, leur parle et ne comprend pas pourquoi elles ne l'entendent pas.

Cet état dure jusqu'au changement total de conscience, à ce moment seulement l'esprit comprend qu'il ne fait plus partie des vivants. Pris par surprise par la mort, l'esprit est étourdi du brusque changement qui s'est opéré en lui. Comme il est capable de penser, d'entendre et de voir, à son sens il n'est pas mort. C'est à la suite de plusieurs petits indices comme l'apparition des gens décédés avant lui, le fait de se voir loin de son corps physique, qui l'aide à comprendre ce qui lui arrive. Notre esprit reste pendant quelque temps avec des réactions terrestres. Surtout lorsque nous voyons ceux que nous aimons apprendre la nouvelle de notre décès. Pour certains qui sont arrivés dans l'au-delà, cette vue peut leur être épargnée à moins qu'elle ne fasse partie de la continuité de leur mission dans l'au-delà.

L'ACCEPTATION

Lorsque nous sommes fin prêts à accepter notre état, nous voyons s'approcher de nous un esprit, habituellement notre ange gardien, qui nous aidera à franchir la prochaine étape de notre mission. Cet esprit reprendra notre enseignement là où il a été interrompu la dernière fois. Il existe des âmes qui n'acceptent pas la transition. Nous les appelons les esprits du bas astral. Ce sont souvent eux qui jouent des tours ou qui nous font peur. Chacun est libre d'aller vers la lumière ou non. Ceux qui ne vont pas vers la lumière restent dans l'obscurité jusqu'à ce qu'un changement survienne. Ce plan est visité par des esprits plus évolués chaque fois qu'un soubresaut de changement se fait sentir de la part de l'esprit du bas astral. Plus notre situation spirituelle est élevée, plus vite se fait l'acceptation et le passage vers l'au-delà. Je mentionnais dans le premier chapitre qu'il fallait faire attention à la façon dont nous disposons des objets ayant appartenu aux personnes défuntes. Ici, nous en verrons le pourquoi. Une fois sortie de son corps physique, l'âme peut voyager à la vitesse de la lumière, elle peut-être partout à la fois, l'espace-temps n'existe pas dans l'au-delà. Elle ira visiter sa famille et ses amis restés sur le plan terrestre. Mais c'est à ce moment que l'âme réalisera qu'elle ne fait plus partie de ces gens. Car très peu de gens entendent ce que les âmes ou esprits disent. Donc, au bout d'un moment, quand l'esprit essaie de se faire voir par un membre de sa famille et que celui-ci passe à côté sans le voir ou sans l'entendre, l'esprit est mis devant la réalité, celle de ne plus exister sur le plan terrestre. Il essaiera de se convaincre du contraire en allant se replonger dans ses effets personnels et, quand ceux-ci ne seront plus à la place où il les avait laissés ou qu'il ne réussira plus à s'en emparer, encore une fois il fera face à une nouvelle réalité.

DEVENIR UN ESPRIT

Après la phase de l'acceptation proprement dite, nous devenons un esprit. Nous poursuivons notre mission dans l'au-delà. Nous retrouvons les esprits du même niveau que nous, bien que les niveaux ne soient pas quelque chose de formel mais plutôt de convenu dans la conscience de tous les esprits. La première étape à franchir est celle de l'analyse.

L'analyse de notre mission terrestre. L'avons-nous réussie ou l'avons-nous échouée? Ce sera à nous de le déterminer. Qu'est-ce qu'on aurait pu améliorer, de quoi est-on le plus fier? Autant de questions, autant de réponses. Bien sûr, ce n'est pas que pour le plaisir que nous faisons cette analyse, c'est pour que nous puissions en tirer une leçon pour nos prochaines incarnations et ne pas répéter les mêmes erreurs. Nous verrons à ce stade tout le plaisir que nous avons pu apporter à nos proches, mais aussi tous les torts que nous leur avons causés. C'est un moment difficile mais qui nous fait petit à petit découvrir que les émotions dans l'au-delà sont l'amour, la compassion et le pardon. Nous ne sommes pas seuls lors de cette épreuve. Notre ange gardien est avec nous et nous fait un peu la morale en nous disant surtout: «Tu vois, si tu m'avais écouté cette fois-là!»

Maintenant, l'âme devenue esprit continue son évolution sur un autre plan. Elle tentera de temps à autre une communication avec ceux qu'elle a laissés sur le plan terrestre. Très important: les esprits n'oublient pas, jamais. Je sais, nous passons tous par cette pensée, moi la première, on se demande s'ils vont toujours se souvenir de nous. Ils ont et auront toujours une pensée pour nous. Au début ils seront constamment auprès de nous. Par la suite ils seront de plus en plus occupés et espaceront leurs visites.

Mais à tout moment dès que nous aurons besoin d'eux ils se retrouveront instantanément dans notre aura, près à nous écouter et à nous envoyer de l'amour. L'adaptation pour certains sera courte, alors que pour d'autres elle sera plus longue.

Chapitre 3

Les esprits

«Bienvenue dans le monde des esprits, un monde bien différent du vôtre, mais encore bien meilleur. Ce livre servira entre autres à mieux nous connaître, à avoir moins peur de nous et bien sûr à mieux nous comprendre. Que d'énergie perdons-nous à vous transmettre nos messages, à exprimer notre amour à ceux que nous avons laissés derrière nous! Et seuls peu de gens s'en aperçoivent, il est maintenant temps d'en apprendre plus.»

Je viens à peine de me mettre à ma table de travail, de prendre mon crayon pour entreprendre le chapitre sur les esprits, que ceux-ci se manifestent. Ce chapitre contiendra donc la définition des esprits, mes expériences et bien sûr ces ajouts faits par les esprits eux-mêmes.

QUI SONT CES ESPRITS?

Nous attirons à nous des esprits qui nous ressemblent soit parce que nous avons passé par les mêmes épreuves, soit parce qu'ils comprennent ce que nous vivons. Si vous êtes une bonne personne désirant évoluer, vous serez beaucoup plus souvent en contact avec de bons esprits qu'avec de mauvais esprits. Le contraire est aussi vrai. Si vous êtes une personne qui n'a pas appris à faire attention à son prochain, vous pourriez rencontrer des esprits qui ne feront pas attention à ce qu'ils vous diront. Nous les attirons aussi parce que nous les connaissons. Ces esprits peuvent avoir été des gens que nous connaissions, soit dans cette vie-ci, soit dans une autre. Les esprits qui nous sont familiers reviennent constamment près de nous, même si nous ne les avons connus qu'étant plus jeune, par exemple un vieil oncle ou simplement une connaissance rencontrée quelquefois. Ces esprits nous aideront bien lors de notre mission, ils chemineront avec nous de façon variable, ils passeront tout simplement dans notre vie ou s'attarderont, selon la durée de leur mission.

Les esprits possèdent eux aussi une intelligence, bien supérieure à la nôtre du fait que leur conscience est plus ouverte. Leur subconscient n'a plus aucune barrière et ils peuvent puiser dans cette mémoire tout ce qui est antérieur. Ils peuvent savoir combien de vies ils ont vécues, qui ils ont été, qui ils ont côtoyé. Le retour dans cette mémoire les aide souvent à mieux comprendre leur dernière vie. À défaut de corps physique, ils ont un corps éthérique, que l'on nomme périsprit.

LE PÉRISPRIT

Qu'est-ce que le périsprit?

«Notre véhicule, notre poste transmetteur, notre conscience.»

C'est une aura blanchâtre, qui quelquefois peut sembler bleutée. Cette aura est semblable à de la fumée blanche et elle entoure l'esprit, c'est une enveloppe fluidique, semi-matérielle. C'est grâce à elle si nous pouvons voir se matérialiser des esprits devant nous. L'esprit peut lui faire prendre la forme qu'il veut. Dans bien des cas, l'esprit va reprendre la forme de son dernier corps physique, pour que les gens à qui il apparaît puissent le reconnaître. Lorsque nous sommes sur le plan physique, il sert de lien entre l'âme et son corps physique.

Il y a quelques années à peine je voyais ces auras blanchâtres seulement à travers mes rêves, mais voilà qu'un soir, ayant fermé toutes les lumières de la maison, je me rendais en marchant dans le noir jusqu'à ma chambre. Mes yeux commençaient à s'habituer à la noirceur. En quittant le passage pour entrer dans ma chambre, je tombai nez à nez avec un esprit. Son aura était blanche mais teintée de bleu. J'ai même ressenti le froid de son périsprit. Comme chaque fois devant ce genre de phénomène, je suis restée surprise et émerveillée. L'apparition n'a duré que quelques secondes, mais j'ai pu voir, d'après la forme que la fumée avait prise, qu'il s'agissait d'un homme et télépathiquement j'ai compris que celui-ci était un guide. Il n'avait pas réellement de message à me transmettre, il était là tout simplement.

C'est à l'aide de son périsprit et parfois de notre énergie propre que l'esprit peut agir sur le plan terrestre, car l'esprit a besoin d'énergie terrestre pour agir sur une matière terrestre. L'esprit se sert de son périsprit pour faire quelques apparitions mais pour faire beaucoup d'autres choses aussi. Entre autres pour communiquer télépathiquement avec nous. Pour nous faire ressentir sa présence, il enveloppe notre aura dans son périsprit et nous ressentons une délicieuse chaleur, un bien-être inconcevable. Il s'en sert aussi pour faire un échange d'énergie ou pour utiliser notre énergie. Lorsque je disais que l'esprit avait besoin d'énergie terrestre pour agir sur une matière terrestre, c'est avec son périsprit qu'il peut arriver à faire bouger différentes choses, à faire des bruits et réussir à se manifester de différentes façons.

Il y a en l'homme trois choses:

L'âme ou l'esprit

L'intelligence, en laquelle résident le sens moral ainsi que la mémoire temporelle.

Le corps

L'enveloppe matérielle dont il est temporairement revêtu pour l'accomplissement de sa mission terrestre.

Le périsprit

L'enveloppe d'énergie servant de lien entre l'âme et le corps. L'action de l'esprit sur la matière résulte de la nature de cette enveloppe (l'esprit a besoin de matière pour agir sur la matière, il a pour instrument direct son périsprit).

LE DEGRÉ D'ÉLÉVATION

L'une des premières choses à comprendre et à apprendre lorsqu'on s'intéresse aux esprits est leur degré d'élévation. Tout comme ici il y a de bonnes âmes et de moins bonnes âmes, de l'autre côté il y a de bons esprits et des esprits de moindre évolution. C'est à partir des explications qui vont suivre que vous serez en mesure de comprendre certains phénomènes s'étant produits autour de vous et restés jusqu'ici inexplicables. Qu'on parle de communications, d'apparitions, de disparitions d'objets ou autres manifestations du genre, vous pourrez déterminer la nature de l'esprit en cause. Bien sûr, nous pourrions nous étendre longuement sur le degré d'élévation des esprits, mais j'en résumerai ici trois principales catégories.

1er *ordre*

Les esprits purs, ceux qui sont arrivé à la perfection, par leurs connaissances, leurs rapprochements avec Dieu, la pureté de leurs sentiments et leur amour du bien.

Nous y trouvons les anges et les archanges.

2ᵉ ordre

Les esprits qui sont à mi-chemin de la perfection. Le désir du bien et le pouvoir de le faire sont leurs principales préoccupations. Mais ils ont encore des épreuves à subir pour parfaire leur mission.

Nous y trouvons les anges gardiens, les guides, les élèves...

3ᵉ ordre

Les esprits qui sont au début de leur évolution. Ils sont caractérisés par l'ignorance, le désir du mal et toutes les mauvaises passions qui retardent leur avancement. Il y a encore les esprits légers ou follets, plus malicieux que méchants, qui trouvent leur plaisir à mystifier et à causer de petites contrariétés aux esprits incarnés.

Nous y trouvons les esprits errants, ceux n'ayant pas accepté le changement de conscience, ceux retenus par leur famille...

La classification des esprits est basée avant tout sur leurs connaissances et leurs expériences, sur les qualités qu'ils ont acquises et sur les imperfections dont ils ont encore à se défaire. Cette classification, du reste, n'a rien d'absolu. Les esprits n'appartiennent pas perpétuellement au même ordre. Tous s'améliorent et cette amélioration a lieu par l'incarnation. La vie matérielle est une épreuve qu'ils doivent tous subir à plusieurs reprises jusqu'à ce qu'ils aient atteint la perfection absolue et se retrouvent près de Dieu. Mais voyons plus en détail ces catégories.

1re catégorie: les esprits purs

Dans cette catégorie se trouvent ceux qui ont atteint la perfection totale. Les anges et les archanges entrent dans cette catégorie. Ils sont tout près de Dieu et reçoivent ses messages divins. Très peu de gens ont des contacts avec ces êtres. Attention, je ne parle pas ici de votre ange gardien, je parle des anges purs, ceux qui n'ont plus à revenir sur ces plans physiques. Ceux qui accomplissent des missions hautement spirituelles. On les appelle quelquefois les messagers de Dieu, car les interventions qualifiées de divines ou appelées miracles sont dues à ces anges. Ils guident nos anges gardiens, les conseillent, les aident à nous faire accomplir notre mission. Très souvent lorsque nous soumettons une prière à notre ange gardien, celui-ci demande la permission qu'elle soit exaucée à ces anges purs. Parmi ces anges purs il y a ceux qui s'occupent de notre ville, de notre pays, de notre planète. Oui, nous avons tous notre ange gardien, mais notre ville, notre pays et notre planète aussi jouissent d'une protection angélique. Leur principale mission est l'amour universel.

> *«Nous pouvons intervenir sur le destin des gens.»*

2ᵉ catégorie: les esprits à mi-chemin de la perfection

Ce sont ceux que l'on rencontre le plus souvent lors de communications avec l'au-delà. À cette catégorie appartiennent notre ange gardien, nos guides et les êtres chers que nous avons perdus. C'est avec eux que nous pouvons établir la communication d'une manière beaucoup plus facile. Ils sont toujours près de nous. Ces esprits veulent nous aider à nous parfaire et à faire en sorte que nous accomplissions notre mission sans trop de heurts. Leur désir du bien et le pouvoir de le faire sont leurs principales préoccupations. Ces esprits sont en perpétuelle évolution, ils étudient, enseignent, participent à nos réunions terrestres. Ils préparent leur prochaine incarnation, car ces esprits reviendront à un autre moment sur ce plan physique accomplir d'autres missions et améliorer leur évolution, grâce à leur expérience. Nous les croiserons sûrement dans une autre vie, un autre lieu. Beaucoup de ces esprits tentent de nous communiquer des messages d'amour, de courage et d'espérance. Ils essaient par différents moyens, mais nous devons apprendre à laisser entrer en nous ces messages.

«Laissez entrer cette lumière, fermez vos yeux, votre bouche et vos oreilles, laissez-nous vous parler d'amour, tant de choses à vous dire.»

3e catégorie: les esprits errants ou du bas astral

Cette catégorie mérite une attention toute particulière. C'est celle qui a besoin de plus de compréhension, d'amour et d'énergie. Les esprits de ce degré sont au début de leur évolution, car les esprits, tout comme les hommes, commencent tous en quelque part. Certains sont ignorants, d'autres bêtes, naïfs et incompris. Je me permettrai de diviser cette troisième catégorie en plusieurs parties. La première partie est composée d'esprits qui ne sont pas complètement détachés du plan terrestre, du plan physique. Leur conscience n'est pas tout à fait ouverte, ils stagnent dans l'ombre. Ces esprits sont ceux qui aimaient les plaisirs charnels, la nourriture, la boisson, la cigarette et les drogues. Pour eux, il semble impossible de se passer de ces matières, alors ils restent attachés au plan terrestre en espérant pouvoir ressentir encore les effets de ces tentations. Comment font-ils? Ils se servent de leur périsprit. Ils entourent les gens qui font l'action recherchée et pénètrent leur aura. Par exemple, un fumeur décédé va rechercher la présence d'un fumeur terrestre. Il va entrer dans l'énergie de ce fumeur et, chaque fois que ce fumeur prendra une bouffée de sa cigarette, il se laissera aller à ressentir à travers l'aura du fumeur ce que ce dernier ressent. La même chose pour la boisson, la drogue, la nourriture, etc.

En parlant de nourriture, j'ai déjà vécu une expérience de ce genre. Je n'aime pas particulièrement la saucisse; étant semi-végétarienne, les seules viandes que je mange sont le poulet et le poisson. Par contre, mon père adorait la saucisse, surtout celle au porc, et je crois que c'est une habitude qu'il a de la difficulté à perdre. C'est qu'il me prend parfois une envie irrésistible de manger de la saucisse de porc, et je vous avoue franchement que s'il y a une saucisse que je n'ai jamais été capable de manger c'est bien la saucisse de porc. D'ailleurs, depuis le départ de mon père, il arrive que sans que nous n'ayons rien fait cuire, nous sentions une odeur de saucisse rôtie.

Dans une autre partie de cette catégorie, il y a ceux qui sont retenus sur le plan terrestre par les gens physiques. Tout d'abord par ceux qui les pleurent constamment; ici je ne parle pas de la peine que nous avons lorsqu'un proche vient juste de nous quitter, ni de quand nous pleurons lorsque quelque chose nous rappelle le défunt. Comme je le mentionnais au premier chapitre, je parle de ceux qui pleurent en rendant coupable ceux qui sont partis ou alors ceux qui pleurent pendant des semaines et des mois en ne comprenant pas pourquoi ceux qu'ils aimaient sont partis, qui ne se résignent pas à accepter ce départ. Plus on a de la difficulté à l'accepter, plus on retient cet esprit qui tente d'évoluer.

«Vous nous faites énormément de peine et vous retardez notre évolution, mais nous vous comprenons.»

Ceux décédés subitement atterrissent aussi dans cette catégorie. Ils sont reçus dans ce plan par les anges gardiens et les guides. Le temps de savoir ce qui leur arrive et de décider ce qu'ils feront. Certains vont rester sur ce plan, parce qu'ils trouvent qu'ils sont partis trop rapidement ou encore parce qu'ils croient avoir encore des choses à terminer. Mais c'est surtout parce qu'ils n'acceptent pas d'être décédés.

En dernier lieu, j'aborderai la partie la plus obscure de cette catégorie, celle des esprits follets et des mauvais esprits. Les esprits follets sont ceux qui nous causent de petits ennuis, ils veulent nous faire peur et s'amusent à nos dépens. Souvent ce sont eux qui nous induisent en erreur ou qui nous font douter. Ils font cela pour attirer notre attention. Les mauvais esprits sont ceux qui ne veulent pas du tout aller vers la lumière. Ils vivent dans la noirceur totale. Ils sont sur ce plan depuis plusieurs années (terrestres). Eux ont besoin de beaucoup d'amour. Ils nous causent de grands ennuis, nous influencent à tel point que nous pouvons échouer notre mission. Plus il nous arrive de malheurs et plus ils sont contents. Ils se réjouissent de ce que nous subissons.

Il est très important de rester poli lorsqu'on communique avec les esprits. Peu importe leur degré d'élévation. De plus, nous communiquons souvent avec ceux poursuivant les mêmes buts que nous et ayant la même évolution.

Heureusement, les esprits ne restent pas perpétuellement à ces degrés. Ils évoluent. Avec l'aide de leur ange gardien et de ce qu'ils apprennent sur les différents plans. Ils évoluent aussi grâce à de nouvelles incarnations, ils s'améliorent et changent ainsi de degré. Peu importe sur quel plan ils se réincarnent, c'est de cette façon qu'ils vont chercher leur évolution.

«Souvent grâce à vous.»

NOTRE ANGE GARDIEN

Depuis quelques années on parle beaucoup d'anges, d'anges gardiens plus précisément. À mon tour de vous en parler un peu. Nous avons tous un ange gardien et plusieurs guides. Au contraire de ce que bien des gens pensent, notre ange gardien nous a été attitré avant notre incarnation. Nous avons fait connaissance, évalué ensemble notre mission et déterminé comment nous allions réussir celle-ci. L'ange gardien qui nous été attitré nous ressemble au point de vue évolutif, il a traversé ce que nous allons vivre, il est au courant du but de notre mission, tout comme nous. Il a été désigné pour que nous soyons toujours en contact avec l'au-delà. Il est toujours auprès de nous et bien souvent il attend que nous fassions appel à lui. Il est heureux de nous aider et nous aime beaucoup. Je fais souvent la comparaison suivante pour expliquer quel est le rôle de notre ange gardien. Celui-ci peut s'apparenter à un entraîneur de hockey. Avant la partie, notre entraîneur et nous établissons un plan de match. Nous et notre ange gardien avons fait la même chose avant notre incarnation. Quand nous sommes prêts à sauter sur la glace, nous sentons notre entraîneur derrière nous. Idem pour notre ange gardien lors de notre saut dans notre nouvelle incarnation, il est juste derrière nous. Ensuite la partie commence, notre mission terrestre aussi. Le jeu se déroule très vite, le joueur, tout en étant concentré sur sa technique et ce qu'il aura retenu de l'enseignement de son entraîneur, se déplace et quand viendra son tour il mettra en application ses connaissances. Il entendra les encouragements et les conseils de son entraîneur de même que les encouragements de ses parents et amis, assis dans les estrades. Mais c'est lui, le joueur, qui dans l'action doit faire ses propres choix. Dans la vie, c'est un peu cela, on doit faire des choix, faire des gestes. Une petite voix essaie de se faire entendre pour nous diriger vers le bon choix à faire. Cette petite voix c'est l'intuition, celle par qui passe notre ange gardien pour nous parler. Parfois nos parents et amis partis avant nous essaient eux aussi de nous encourager par cette voix intérieure. Quand le joueur retourne sur le banc, attendant son prochain tour, son entraîneur lui met une main sur l'épaule et lui fait un résumé de ce qui vient de se passer, il lui donne des conseils sur son prochain jeu, selon la façon dont se déroule la partie. La même chose se produit pour nous la nuit. Nous nous endormons, notre enveloppe corporelle se réénergise et durant ce temps notre âme rejoint l'au-delà et se fait sur les prochaines actions à faire. À la fin de la partie, quand le joueur quitte la glace pour retourner à sa chambre, c'est l'entraîneur qui l'accueille en lui donnant une tape sur l'épaule. Notre ange gardien sera parmi ceux qui nous attendront à notre arrivée dans l'au-delà.

Notre ange gardien est un esprit qui a déjà été in-carné et qui se réincarnera encore plusieurs fois. L'esprit dans l'au-delà n'a pas d'enveloppe corporel-le, donc nous ne pouvons pas lui donner de sexe, ni féminin, ni masculin. Par contre nous aurons ten-dance à faire une certaine analogie. Si les sensations ou les vibrations que nous ressentons sont douces, tendres, affectueuses, nous aurons tendance à croire qu'il s'agit d'une femme. Alors que si nous ressen-tons de la force, de la détermination, nous croirons plutôt qu'il s'agit d'un homme. Même chose avec son nom. De prime abord votre ange gardien ne pos-sède pas de nom comme tel, mais pour vous, si vous y croyez, il peut en revêtir un, tout comme un corps. Si vous croyez qu'il s'agit d'un homme, lorsqu'il vou-dra apparaître devant vous il le fera en costume d'homme. Votre ange gardien sert à vous guider, à vous aider à réussir votre mission. Bien souvent c'est lui qui mettra sur votre route telle ou telle personne, qui vous placera devant telle ou telle épreuve. Vous devez savoir par contre que votre ange gardien est toujours là, dans vos joies comme dans vos peines. Votre ange gardien vous a été attitré avant votre naissance et ne vous quittera qu'à votre retour dans l'au-delà. À quelques exceptions près, cette dernière phrase est vraie. C'est-à-dire que votre ange gardien a le même niveau d'évolution que vous. Mais si, de votre libre arbitre, vous décidez d'évoluez de plus en plus vite, trop vite même, alors votre ange gardien ne pourra plus vous guider. À ce moment-là, on vous enverra un autre ange gardien. Mais j'insiste encore une fois, cela n'arrive qu'en de très rares exceptions. Ce changement se fait aussi sur une période plus ou moins longue. Dans les cas où cela a pu être remarqué, les gens ont avoué que lors de ce changement leur personnalité avait quelque peu changé et ils se sentaient tout drôle. Ce changement se fait toujours en accord avec toutes les personnes concernées, même vous. Cela se fait lorsque votre âme quitte son corps physique pour la nuit. Votre ange gardien peut établir un rituel avec vous pour vous communiquer un message. Cela peut-être auditif, soit en vous appelant par votre nom, soit en faisant bourdonner vos oreilles. Ou cela peut être sensitif, vous le sentez près de vous ou à l'intérieur de vous, ou alors, comme moi, corporel. Lorsque mon guide se manifeste à moi, je sens comme une main chaude dans le creux de mon dos du côté gauche, cette mini-pression peut durer de quelques secondes jusqu'à quelques minutes. Pour d'autres, cette mini-pression s'exercera sur une épaule. Il ne faut pas avoir peur de communiquer avec cet ange gardien, on peut lui parler télépathiquement ou encore à voix haute, comme on le veut. Mais lorsqu'on lui adresse une question, il faut être ouvert et savoir comprendre sa réponse.

NOS GUIDES

Un peu plus haut nous avons vu que nous avons tous un ange gardien. Je tiens à dire que ces anges gardiens sont tous uniques, nous ne sommes pas deux, ni trois, ni cent à avoir le même ange gardien. Non, chacun de nous est seul avec cet ange gardien. Par contre nous pouvons avoir en commun les mêmes guides. Qui sont ces guides? Ce sont les gens que nous avons connus ici sur ce plan terrestre et qui sont retournés dans l'au-delà, ou encore ceux que nous avons laissés dans l'au-delà pour nous réincarner sur le plan physique. J'entends beaucoup de gens dire: «Ma mère est décédée l'année dernière et elle est devenue mon ange gardien.» Est-ce à dire que jusqu'à l'année dernière vous n'aviez pas d'ange gardien? Qu'au décès de votre mère vous avez donné congé à votre ange gardien et que vous y avez placé votre mère? Bien sûr que non. Par contre, vous n'avez pas tout à fait tort lorsque vous affirmez que votre mère est devenue votre ange gardien. C'est qu'elle est devenue un de vos guides. Votre ange gardien est toujours près de vous mais en plus, pour vous aider à remplir votre mission, vous vous retrouvez avec un guide que vous avez connu sur le plan terrestre et qui représente un lien avec l'autre côté. Une autre chose encore pour ceux qui continuent à croire qu'un proche décédé est devenu leur ange gardien, si vous faites partie d'une famille où il y a huit enfants, pourquoi croiriez-vous que ce proche deviendrait votre ange gardien à vous et non celui de votre frère ou de votre sœur? C'est pourquoi, lors d'une consultation, je peux voir plusieurs esprits autour du consultant, il y a son ange gardien et ses guides. Chaque guide apporte sa force. Si par exemple vous avez besoin en ce moment de persévérance, un guide possédant cette faculté peut se présenter dans votre aura et vous transmettre cette énergie. C'est pourquoi, lorsque vous avez besoin d'aide, n'hésitez pas à la demander. D'ailleurs, un vieux proverbe le confirme: «Aide-toi, le Ciel t'aidera!» Toute personne désirant évoluer sera aidée si elle y met du sien et si elle est ouverte à recevoir les messages.

Chapitre 4

Que font-ils?

Les esprits sont loin de paresser! Premièrement, oui, ils peuvent se reposer, se charger d'une nouvelle énergie, visiter les lieux, visiter les connaissances, mais bien vite ils devront se remettre au travail. Dans un précédent chapitre, nous avons vu que la première étape était celle de l'analyse, cette étape peut durer longtemps (terrestre). Par la suite, ces esprits aideront d'autres esprits à traverser le tunnel pour aller vers la lumière. D'autres se verront chargés de missions plus complexes, telles qu'aider les nouveaux esprits qui arrivent de leur première incarnation, ou soigner des esprits qui se croient encore mourants. Certains esprits sont professeurs. Ce que nous avons appris de notre mission terrestre, nous pouvons l'enseigner à d'autres qui préparent une prochaine incarnation. Ou nous pouvons échanger nos points de vue avec d'autres esprits ayant fait un cheminement quelque peu différent du nôtre. Certains esprits sont assignés à des guides spirituels ou anges gardiens afin d'aider des âmes à accomplir de leur mieux leur mission.

RESSENTIR LES ESPRITS

Que se passe-t-il lorsque nous ressentons ces esprits?

Certaines personnes sont plus sensibles que d'autres aux esprits. C'est-à-dire qu'elles peuvent vous dire s'il y a des esprits ou non autour d'elles, et ce, parce qu'elles les entendent, les ressentent, les voient, ou les trois à la fois. Ces personnes ont toutes un canal relié avec l'au-delà qui par moments s'illumine, nous ne le voyons pas avec nos yeux physiques mais les esprits, eux, le voient. Pour vous donner une image, c'est comme un phare allumé qui perce à travers une nuit complètement noire et opaque. Les esprits désireux de transmettre un message s'empressent alors de se manifester auprès de ces personnes. Certaines personnes ont cette sensibilité depuis leur naissance, alors que d'autres la développent tout au long de leur vie.

Le moyen de ressentir ces esprits est différent pour chaque personne, mais il existe quelques situations communes à beaucoup de ces gens. Pour certains cela va provenir de l'intérieur, ils se sentiront bien, avec des sensations de chaleur, ou au contraire, tout leur intérieur va être agité tout d'un coup. D'autres vont le ressentir de l'extérieur par la chair de poule ou bien les larmes qui leur montent aux yeux. Quelques-uns vont les ressentir par des frissons, des courants d'air froid ou chaud, un parfum subtil, souvent associé aux fleurs, ou ils sentiront simplement la présence d'une autre personne dans la pièce, comme si quelqu'un les regardait.

«Nous vous connaissons, et nous nous manifestons de manière à ce que vous nous compreniez.»

«Il ne faut pas avoir peur de nous.»

Bien souvent, les esprits veulent nous transmettre des messages, sur nos comportements et sur nos sentiments. Pour ce faire, ils ont besoin de nous pour transmettre leurs messages.

Les esprits ne peuvent nous faire de mal physiquement, Dieu ne leur permettrait pas. Par contre, si c'est nous qui les invoquons et qui travaillons avec eux, d'une mauvaise façon, ce sera à nous de subir leur assaut et leur influence négative. C'est de cette façon que certains se retrouvent à faire de la magie noire.

OÙ SONT-ILS?

D'une façon simple, disons qu'ils sont quelque part dans l'au-delà. En fait, l'au-delà est tout simplement une autre dimension, un autre plan. Les plans sont de plus en plus évolués à mesure où vous avancez dans la lumière. Intuitivement, vous resterez dans votre plan jusqu'à ce que vous soyez prêt à passer au plan suivant.

J'apporte un point particulièrement délicat à aborder: le suicide. Après beaucoup de communications, de recherches et de lectures sur ce sujet, je peux vous dire que le suicide est une action très mal vue dans l'au-delà. Dieu a permis aux esprits de s'incarner dans un plan pour évoluer, pour cela il leur a confié une mission. S'enlever la vie, c'est comme mettre fin à un contrat qui n'est pas terminé et nous n'en avons pas le droit. Nous devons terminer coûte que coûte notre mission. Dieu nous a donné la force de traverser nos épreuves, sinon il ne nous aurait pas permis de nous incarner avec un manque de préparation. Ce qui arrive aux gens qui se suicident n'est vraiment pas mieux que s'ils avaient continué leur mission sur ce plan terrestre. Ils restent plongés dans une grande noirceur et bien souvent ils y restent jusqu'à temps que leur temps terrestre ait été fait. Toute communication avec les leurs, si ce n'est pas pour leur évolution, leur est refusée. Ils sont isolés et, tant qu'ils ne comprendront pas que ce qu'ils ont fait n'était pas bien, ils resteront dans ce plan. Ils devront se réincarner à nouveau et reprendre à zéro leur dernière vie terrestre.

Ces esprits font aussi partie de la dernière catégorie mentionnée précédemment. Nous, les médiums, n'aimons pas particulièrement communiquer avec ces derniers. Les images, les sensations qu'ils projettent ainsi que leur langage ne sont pas vraiment agréables. Ils peuvent même aller jusqu'à entraîner ceux qui les entendent à faire la même chose qu'eux ont faite.

LES ESPRITS SONT PARTOUT

Eh bien, oui, les esprits sont partout. Il y en a sans cesse autour de vous qui vous observent, vous regardent, tentent de communiquer avec vous et de vous transmettre un message. Certains tentent même de vous influencer dans vos décisions. Ces esprits connaissent nos pensées les plus secrètes, même celles qu'on se cache à soi-même. Lorsque vous vous croyez seul, dites-vous bien que ce n'est qu'un sentiment physique, car il y a d'innombrables esprits qui vous regardent. Mais attention, les esprits peuvent voir tout ce que vous faites ou pensez, mais chaque esprit ne voit que les choses desquelles il a quelque chose à apprendre, les actions qui le laissent indifférent, il ne s'en occupe pas. Les esprits ont à apprendre de nous, tout comme nous apprenons d'eux.

Il m'est arrivé à quelques reprises de surprendre des esprits en pleine conversation entre eux et de les déranger. Ils ne s'étaient pas aperçus qu'ils avaient changé de fréquence, qu'ils avaient traversé le plan physique et que je pouvais les entendre. Ils étaient aussi surpris que moi.

Un certain après-midi, j'étais seule à la maison et je regardais une émission très intéressante à la télévision. J'étais concentrée sur l'écran lorsque j'entendis deux personnes parler ensemble, les voix semblaient venir de loin, comme un chuchotement. Au début j'y ai accordé peu d'attention, croyant que cela venait de la rue, mais bientôt cette conversation commença à me déranger. Je détournai les yeux de l'écran et lorsque je me retournai pour aller voir d'où venaient ces voix j'aperçus deux formes indistinctes entourées d'une aura blanche, assises à deux pieds du sol en train de discuter ensemble. Elles semblaient ne pas me voir. J'essayai d'écouter les paroles échangées, afin de savoir si un message m'était adressé, mais je ne comprenais pas ce qu'ils se disaient. Je leur demandai alors s'ils ne voulaient pas changer de fréquence parce qu'ils interrompaient mon émission. Je les vois encore se tourner vers moi, le regard surpris, et aussitôt après disparaître. J'ai pu écouter le reste de mon émission tranquille et sans aucune autre interférence.

«Nous ne faisons attention qu'aux choses nous intéressant.»

L'INFLUENCE DES ESPRITS

Il y a un endroit que les esprits affectionnent plus particulièrement: la salle de bain. Pourquoi? Parce que l'eau est un bon médium pour entrer en contact avec les esprits. Existe-t-il un endroit dans la maison où il y a plus d'eau que la salle de bain? On entend souvent des bruits bizarres provenant des tuyaux. Oui, bien sûr, il y a l'air qui passe à l'intérieur et qui peut faire du bruit, mais lorsque cela devient continuel? Que cela arrive à toute heure du jour ou de la nuit, et qu'en même temps vous ressentez une présence? Vous pouvez vous dire que vous avez de la visite.

Vous est-il déjà arrivé de prendre votre douche et d'ouvrir à tout bout de champ votre rideau pour voir s'il n'y avait pas quelqu'un dans la salle de bain? Soit parce que vous croyiez entendre des bruits, soit parce que vous ressentiez une présence? Lorsque certains esprits s'aperçoivent de votre réceptivité sous la douche, ils peuvent vous jouer des tours, comme imiter la sonnerie du téléphone ou de la porte d'entrée. Alors vous y croyez, vous vous dépêchez de fermer les robinets et vous accourez, trempé, au téléphone ou à la porte d'entrée pour vous apercevoir que finalement personne (physiquement) ne s'y trouve.

Durant mon adolescence, j'avais peur de prendre ma douche seule. Parce que j'étais très sensible aux vibrations de l'eau sur mon corps. Je voyais des images très claires d'événements prémonitoires. L'eau devenait un médium, j'entendais très distinctement des gens parler, rire, pleurer, alors j'avais peur. Je me lavais les cheveux les yeux ouverts et je chantais à tue-tête pour ne pas voir et ne pas entendre quoi que ce soit.

Aujourd'hui, lorsque je prends ma douche, je suis encore très réceptive aux esprits mais j'ai appris à les contrôler et à dialoguer avec eux. Quand j'ai des consultations dans la journée, il n'est pas rare que je reçoive des messages et des visions pour ces gens sous la douche. C'est un endroit et un médium qui facilitent la communication avec l'au-delà, et cela m'est très utile.

Certains médiums pratiquent la voyance en utilisant un verre d'eau ou un plat d'eau. Avez-vous remarqué que dans tous les films concernant les phénomènes paranormaux, l'action se déroule pratiquement toujours dans la salle de bain ou près d'un plan d'eau?

«L'eau est pure, elle est comme un miroir où se reflètent nos pensées, une personne se servant de cette eau peut savoir ce que nous pensons.»

«L'eau est un élément important sur le plan physique, tout comme les plantes, l'air.»

Les esprits influencent souvent nos pensées, ils s'infiltrent à travers nos vibrations et viennent nous perturber, nous déranger. Ne vous est-il jamais arrivé d'avoir plusieurs pensées d'un seul coup sur un même sujet et souvent contraires les unes aux autres? C'est que certains de ces idées ou commentaires viennent de vous, alors que les autres viennent des esprits. Certains de ces commentaires vous surprendront, vous vous direz: «Pourquoi j'ai pensé à ça? Pourquoi j'ai dit ça?»

Les esprits n'influencent pas seulement nos pensées, mais aussi nos actions. Pourquoi posons-nous tel geste plutôt qu'un autre? Un geste bien souvent qui nous surprend et qui surprend notre entourage.

Parce que nous avons été guidés. Mais n'oublions pas: l'homme possède toujours son libre arbitre, s'il refuse de faire une telle action, sa volonté sera faite. Quand l'homme refuse de se conformer aux pensées et aux actions suggérées par les esprits, ceux-ci s'en vont et vont tenter d'influencer d'autres âmes ou peuvent revenir à la charge un peu plus tard.

Voici un exemple. Vous êtes assis avec votre tendre moitié et vous regardez un film. Jusque-là tout va bien, quelques instants auparavant vous avez échangé des mots gentils et une belle complicité règne entre vous deux. Tout à coup, votre conjoint vous dit une chose qui vous met en colère, vous êtes fâché et devenez agressif. Sans raison, car votre douce moitié a seulement fait une remarque banale. Votre réaction, si vous cherchez à l'analyser, n'a pas sa raison d'être. Alors, vous pouvez vous apercevoir que ce qui vous a rendu comme ça était l'œuvre d'un esprit moqueur. On se demande parfois ce qui nous fait changer d'humeur subitement. Cela peut provenir de l'influence de certains esprits.

Les esprits ne nous influencent pas seulement en mal. Heureusement. Ils nous influencent aussi en bien. Ils interviennent notamment lorsque nous pensons en mal de notre prochain. Lorsque vous maugréez contre une personne et que tout à coup une pensée positive traverse votre esprit, du genre: «Elle a quand même cette qualité là» ou encore: «Mais non, elle n'est pas si pire que ça», vous venez de subir l'influence d'un bon esprit. C'est aussi sous l'influence d'un bon esprit que vous sortez de votre voiture bien chaude en cette journée d'hiver bien froide pour aider une personne à pousser sa voiture.

Les mauvais et les bons esprits peuvent influencer vos pensées et vos actes, c'est à vous de décider de les écouter ou de ne pas tenir compte de leurs suggestions et c'est en leur montrant votre indifférence qu'ils s'éloigneront de vous.

Il est justement très important de vous entourer de gens positifs, d'écouter ce qu'ils ont à dire, car eux aussi sont influencés par des esprits. Une personne qui traverse une étape difficile dans sa vie devient une proie facile pour les esprits. Émotionnellement, cette personne est très perturbée, elle se laisse aller, ce qui lui arrive dans sa vie ne lui fait plus ni chaud ni froid. Plus cette personne est négative, plus elle attirera le négatif. Elle aura encore plus de problèmes, bientôt elle aura de plus en plus d'«idées noires», et c'est là qu'interviendront les esprits. C'est toujours à la personne de décider à quel genre d'esprits elle va accorder de l'importance. Elle se retrouve souvent devant des pensées contradictoires, entre continuer de tomber dans l'abîme ou se relever et foncer. Les bons esprits vont nous encourager avec des mots de consolation, avec des vibrations d'appui, d'amour et d'harmonie. Alors que les mauvais nous feront sentir des moins que rien. Ils nous décourageront dans la moindre tentative pour nous remonter, nous devrons travailler fort pour retrouver notre confiance en nous.

Encore une fois, et j'insiste, nous sommes maîtres de nous-mêmes. C'est comme lorsqu'on doit choisir au marché entre deux sortes de céréales, c'est nous qui prenons la boîte et qui la déposons dans notre panier, elle ne s'y retrouve pas toute seule. Il ne faut ici encore ne blâmer que vous-même si vous faites un acte qui ne cadre pas bien avec ce plan physique. Vous seul êtes responsable de ce que vous faites.

Certains esprits sont là pour nous tester, tester nos sentiments, nos émotions et surtout notre foi. Justement, c'est devant le doute que se précise notre foi. Si nous avons une foi totale en quelque chose, alors rien ne viendra l'ébranler, pas même et surtout pas l'influence des esprits. Par contre, si on réussit à ébranler notre foi, c'est que nous devons encore travailler sur le sujet.

Les esprits sont en lien constant avec vous. Les bons esprits vont vous envoyer de belles pensées, de l'énergie, du courage, de l'aide. Ils vont vous aider à traverser des épreuves que vous avez choisies.

Avec les esprits moins évolués, vous aurez affaire à un langage grossier, plusieurs insanités vous viendront en tête, des paroles injurieuses, le goût de la fainéantise. Ils vous aideront à critiquer, juger les autres et vous-même. Ils voudront que vous vous nuisiez par vos mauvaises actions. Ce sont souvent eux qui vous découragent. Lorsque vous vous regardez dans un miroir, que vous dites-vous? «Je suis belle? Je suis laide?» Quelles autres réponses avez-vous à cette simple question? Sont-elles de vous? Y en a-t-il des encourageantes ou au contraire des décourageantes?

«Les bons esprits comme les moins bons ont toujours besoin d'amour et de lumière, c'est souvent un manque d'attention qui les rend comme ça.»

«Par votre manque d'attention, nous sommes seuls et nous avons peur. Souvent, nous ne le faisons que parce que nous voulons de l'aide.»

Il faut écouter avec nos oreilles et notre tête, car les esprits peuvent s'exprimer par la parole, leur voix traverse alors leur plan et résonne dans ce plan-ci. Nous entendons alors clairement leurs paroles, comme si une personne physique nous parlait. On peut entendre une phrase en entier ou encore seulement qu'un mot ou un nom.

Ou bien nous entendons ces voix à l'intérieur de notre tête. Les esprits peuvent communiquer avec nous par télépathie. Bien des gens entendent des choses dites «pas normales» ou entendent des voix. Souvent, ils n'osent pas s'ouvrir aux autres de peur de passer pour fou ou de se retrouver dans un asile. J'ai déjà reçu la visite d'une dame qui entendait constamment des voix, elles la dérangeaient continuellement. Au début des manifestations elle a dû arrêter de travailler, son mari lui a demandé d'aller consulter un médecin parce qu'elle éprouvait des problèmes d'insomnie et quelques autres perturbations. Elle n'osait pas confier à son médecin que ses problèmes se situaient à un autre niveau. Par la suite, elle a consulté un psychologue qui, après quelques années de traitements, lui a tout simplement dit que ses problèmes étaient liés au stress. C'est à ce moment qu'elle a commencé à s'informer auprès de certaines personnes se disant qualifiées au sujet du monde des esprits. Finalement, devant le peu de croyance et de persévérance de ces personnes, elle a dû se rendre à l'évidence: elle aurait ce problème pour le reste de sa vie.

Un jour pourtant, elle tombe sur une annonce qui lui inspire confiance et elle décide de téléphoner. Nous avons pris rendez-vous ensemble. Au cours de la rencontre, la dame m'a paru saine d'esprit et, devant la confiance que je lui ai inspirée, elle m'a raconté son histoire du début à la fin. Après la séance qui dura deux longues heures, je pus entendre un grand soupir de soulagement. Cette femme avait gardé ce lourd secret durant de si longues années sans jamais en parler réellement, de peur encore une fois de se faire interner. Je lui ai expliqué comment travailler avec ces voix, comment vivre avec elles, et aujourd'hui cette dame a pu retrouver du travail, elle est à nouveau heureuse et elle peut aider d'autres gens qui ont cette faculté d'entendre les esprits.

L'ÉNERGIE

Il y a une autre forme d'influence entre les esprits et nous, c'est l'énergie. Les esprits se nourrissent de notre énergie, que ce soit les bons esprits ou les mauvais. À la différence que les bons vont nous redonner de l'énergie alors que les mauvais vont nous épuiser. Certaines personnes sont constamment épuisées, sans savoir vraiment pourquoi. Elles cherchent souvent comment récupérer leur énergie, avant de savoir pourquoi elles n'en ont plus ou comment elles la perdent.

«Nous devons faire attention au degré d'énergie que nous utilisons pour communiquer avec vous, car nous pourrions vous blesser. Ici, l'énergie est très forte et très puissante.»

Comment leur donne-t-on de l'énergie? Nous leur fournissons de l'énergie avec nos émotions. Toutes nos émotions sont réunies dans un corps émotionnel rempli d'énergie, qui nous aide à maintenir un certain équilibre. Et c'est dans ce corps émotionnel que les esprits vont se servir. Dans toutes sortes de situations, nous utilisons nos corps, que ce soit le corps mental, physique ou émotionnel. Les esprits attendent que nous utilisions l'émotionnel pour se coller à nous et ainsi partager notre énergie. Les bons esprits vont se servir de l'énergie que notre corps émotionnel dégage lorsque nous sommes heureux ou lorsque nous sautons de joie.

Cette énergie, si l'on veut la visualiser, est d'une couleur tendre, douce et claire. Ces esprits sont très heureux à leur tour de nous voir contents, c'est comme s'ils se baignaient dans notre énergie. Ils y puisent de l'amour et en retour nous redonnent de l'énergie d'amour pur. Leur énergie plus l'énergie que nous dégageons à ce moment font une grande bulle d'amour et d'harmonie à laquelle viennent se coller d'autres esprits plus faibles en énergie et qui ont besoin de cet amour et de cette joie pour évoluer plus rapidement. Maintenant, lorsque vous serez heureux, vous rendrez plusieurs autres personnes heureuses, autour de vous bien sûr, mais aussi «au-dessus» de vous.

> *«Lorsque vous êtes heureux pour un rien, bien souvent c'est un esprit que vous avez déjà aidé grâce à votre énergie qui maintenant vous le rend.»*

C'est en se servant de cette belle énergie que notre ange gardien et nos guides peuvent nous envoyer plein de belles choses. Ils peuvent faire en sorte que nous rencontrions sur notre chemin des personnes qui vont nous faire progresser. Le tout grâce à l'énergie que nous dégageons.

Alors que les mauvais esprits, eux, vont se servir de notre énergie pour nous faire peur, nous faire échouer notre mission ou nous faire succomber aux tentations du mal. Cette énergie, nous en produisons lorsque nous avons peur, lorsque nous sommes en colère, agressifs et lorsque nous nous disputons. Toujours pour visualiser cette énergie, nous pourrions voir qu'elle est tantôt rouge, tantôt noire ou grise, et les mauvais esprits, une fois qu'ils s'en sont nourris, s'en servent contre nous.

Lors d'une dispute avec une autre personne, votre corps émotionnel devient plus volumineux, et plus vous devenez agressif, plus il grossit. Les mauvais esprits s'y baignent et, à défaut de former une grande bulle d'amour, vous formez une bulle de colère qui encore une fois se répercute autour de vous. Les gens qui vous entourent sont maussades et vous traitent d'une mauvaise manière. Vous vous retrouvez encore une fois entouré de gens négatifs. Plus nous leur donnons cette énergie, plus ils s'attachent

à nous. Autrement dit, nous sommes des proies fa-
ciles pour eux, qui restent continuellement à nos côtés pour y puiser de l'énergie. Pour contrer ceux-ci, il
suffit de les guider avec amour vers la lumière ou encore il faut se montrer indifférents à eux. Ils iront
alors chercher leurs énergies ailleurs car nous n'aurons plus rien d'intéressant pour eux.

Il faut toujours savoir si nous avons affaire à de
bons ou de mauvais esprits. La communication avec
les bons esprits nous sera chaque fois profitable,
alors qu'avec les mauvais elle ne nous mènera jamais
bien loin.

Pour savoir si vous avez affaire à de bons ou de
mauvais esprits, écoutez leur langage. Le langage des
esprits supérieurs est digne, noble, rempli d'amour et
de sagesse. Ces esprits nous guident vers l'amélioration de notre but, de notre mission. Ils nous aident à
comprendre les autres, à les écouter, à leur pardonner et à les aimer sans les juger. Ils nous conseillent
de bons gestes, de bonnes actions et nous prodiguent
sans cesse des encouragements. Avec eux nous nous
sentons toujours en confiance.

LA POSSESSION

Abordons maintenant un sujet qui fait peur à bien des gens: la possession ou plus précisément l'exorcisme.

Qu'est-ce qu'une possession?

C'est un esprit mauvais qui prend possession du corps physique d'une âme et qui se sert de ce corps pour faire différentes actions, vous vous doutez bien, mauvaises. Il pose des gestes grossiers et dit des paroles vulgaires. Un mauvais esprit ne s'empare pas d'un corps au hasard, bien souvent le mauvais esprit communique avec sa victime bien avant, il l'influence et la rend dépendante de lui.

Il est important de savoir qu'un esprit ne peut prendre possession d'un corps physique, à moins que la personne ne lui ait accordé le droit. Je le répète, l'homme garde toujours son libre arbitre. Il existe encore aujourd'hui des cas de possession extrême, de vrais exorcismes, mais ils sont peu nombreux. De nos jours, les prêtres catholiques sont encore formés pour intervenir lors de ces phénomènes. Il y a des possessions de moindre intensité, tout de même éprouvantes pour les personnes qui les subissent. J'ai rencontré beaucoup de gens se disant «possédés» qui après une ou deux séances d'informations retournaient à la maison «dépossédés». D'autres par contre étaient vraiment sous l'emprise d'un esprit malin. Tous avaient un point en commun: une séance de spiritisme, de ouija, ou des exercices d'écriture automatique.

Ces gens ne connaissaient pas véritablement la façon de fonctionner avec ces méthodes, ils les ont pratiquées sans aucune protection. Comme conséquence, ils se sont retrouvés aux prises avec des esprits qui ne voulaient plus partir, qui avaient enfin trouvé un moyen de revenir, par ces gens, sur ce plan terrestre. Vous verrez dans un prochain chapitre comment vous servir d'une planche de ouija et comment faire une séance de spiritisme sans trop de danger.

L'histoire d'Estelle

Voici l'histoire d'Estelle, une jeune femme vraiment possédée, venue me rencontrer lors de ma présence dans un salon ésotérique. Il est 21 h, le salon ferme ses portes dans une heure, quelques personnes s'arrêtent à mon kiosque et me questionnent sur mon travail. Le groupe quitte ma table mais un couple reste un peu à l'écart et discute ensemble.

L'homme s'approche et me demande si je suis voyante, je lui réponds que je suis voyante de naissance. Il fait signe à la jeune femme qui l'accompagne de s'approcher. Je remarque dans ses yeux une lueur de peur. Je ressens tout de suite des vibrations négatives. L'homme parle à la jeune femme en espagnol, celle-ci me regarde et me demande timidement si je ne pourrais pas l'aider. Elle me dit qu'elle se sent prisonnière. Je regarde son aura et au-dessus d'elle j'aperçois un gros nuage noir. Instinctivement je recule, ce nuage n'est vraiment pas très rassurant. Son mari me demande si c'est possible de leur dire pourquoi elle se sent comme ça (le couple n'a pas beaucoup de sous). Je dis alors à la femme: «Quelqu'un cherche à vous manipuler, on se sert de vous, vous devriez reprendre votre vie en main. En ce moment, un homme vous empêche d'évoluer.»

Au début, je croyais qu'il s'agissait d'une personne physique mais, plus je pénétrais ses vibrations ou devrais-je dire, plus je tentais de pénétrer ses vibrations car une force psychique m'arrêtait, plus je sentais que ce n'était pas une personne physique mais bel et bien un esprit. Je regarde le couple et je dis à la femme: «Il s'agit d'un esprit, et cet esprit se sert de votre énergie.» C'est à ce moment qu'elle glisse la main dans la poche de son manteau et en ressort une vieille feuille pliée en quatre. Elle l'ouvre et me la tend. J'essaie de lire mais c'est une langue que je ne connais pas et c'est très mal écrit. Le papier contient des vibrations de colère, de haine et de négativité. La jeune femme m'explique alors la provenance de ce papier: après avoir fait une séance de ouija avec des amis, Estelle est retournée chez elle bien tranquille. Après quelques jours, elle a commencé à se sentir mal, elle s'est mise à perdre l'équilibre, à entendre bourdonner dans ses oreilles. Elle manquait totalement de concentration et, d'un naturel très doux, elle avait maintenant des sautes d'humeurs de façon continuelle.

Au milieu d'une nuit, Estelle s'est levée et, prise d'une irrésistible envie d'écrire, a saisi une feuille et un crayon et s'est assise à sa table de cuisine. Sa main droite se mit à écrire toute seule avec force et frénésie. La feuille remplie des deux côtés, Estelle avait le bras et la main en compote. Elle essaya de relire ce qu'elle venait tout juste d'écrire mais elle ne comprenait rien, ce n'était pas dans sa langue.

Bien entendu, je reconnais les symptômes typiques d'une possession, alors je lui explique ce qui se passe et lui donne rendez-vous le lundi suivant à mon bureau, car le salon n'est pas le lieu propice pour ce genre de consultation. Je comprends que cette femme a réellement besoin d'aide, et vite. Je prends ses coordonnées et lui donne les miennes. Le nuage noir au-dessus d'Estelle devient de plus en plus menaçant et je commence à entendre des grossièretés. Je serre la main d'Estelle et de son mari en leur envoyant beaucoup d'amour. Ils s'en vont, l'air un peu plus soulagé. Il m'ont raconté par la suite qu'ils étaient complètement désespérés parce que depuis deux heures ils tournaient en rond dans ce salon, à la recherche d'une personne pouvant les aider, mais comme ils n'avaient pas d'argent personne ne voulait les aider ni même prendre le temps de les écouter. C'est après avoir décidé de quitter le salon, l'âme en peine, qu'ils se sont arrêtés une dernière fois à un kiosque avant de partir, le mien.

Nous sommes maintenant lundi, je cherche partout le numéro d'Estelle pour confirmer le rendez-vous, mais en vain, je ne le trouve nulle part. Il a disparu, je commence à me douter que l'esprit qu'on s'apprêtait à exorciser a fait des siennes. Estelle non plus ne m'a pas encore contactée. Je sais aussi que dans ces moments- là l'esprit devient plus agressif ou au contraire se calme et se cache pour tenter de dissuader la personne de consulter.

Une heure avant le rendez-vous le téléphone sonne; au bout du fil une Estelle agitée me raconte qu'elle vient tout juste d'avoir mon numéro par la téléphoniste parce qu'elle avait perdu mes coordonnées. Elle dit ne pas se souvenir de les avoir sorties de son sac à main, mais qu'une fois celui-ci vide elles ne s'y trouvaient pas.

Estelle arrivée, je la fais entrer dans mon bureau avec son mari. On parle plus en profondeur de son cas. Je demande à un autre médium de m'assister, je considère très important d'être au moins deux médiums pour faire une dépossession. Je mets Estelle en état de relaxation complète, en lui parlant et en lui faisant voir des images agréables. Je me concentre à mon tour sur ses vibrations. Je perçois l'esprit, j'essaie de lui parler télépathiquement, mais il ne m'écoute pas. À ma demande, Estelle me décrit ce qu'elle voit et ce qu'elle ressent. En ce moment l'esprit est près d'elle. Je lui dis de guider cet esprit vers la lumière. Alors tous les trois, Estelle, l'autre médium et moi-même, guidons l'esprit vers la lumière. À force de lui parler et de lui envoyer de l'amour, l'esprit prend le chemin de la lumière. Maintenant, je répare les corps émotionnel et mental d'Estelle. Par la suite, je lui explique qu'il est important de ne pas chercher à contacter cet esprit. J'ai invité Estelle à suivre un de mes ateliers afin de mieux connaître le monde des esprits. Avant son départ, je lui ai remis de l'encens pour faire brûler dans sa maison et ainsi chasser les mauvaises vibrations. Ensuite, je lui ai suggéré de brûler les lettres écrites par l'esprit et de jeter les cendres à l'extérieur de chez elle. Après quelque temps j'ai revu Estelle, à la suite de notre rencontre tous ses problèmes étaient disparus graduellement.

Martine et Denise

Voici une autre histoire de possession. Par un après-midi tranquille, je reçois un appel téléphonique quelque peu étrange. Une dame se présente, Martine, et me demande si je crois aux esprits et aux anges. Devant ma réponse affirmative, elle décide de me raconter son histoire. Elle et sa sœur Denise habitent le même immeuble depuis vingt ans. Elle demeure au premier et sa sœur au deuxième étage. Martine prend soin de Denise parce que celle-ci vit seule, qu'elle n'a jamais eu de mari ni d'enfant. Denise est hantée par des esprits depuis l'âge de 20 ans. Elle en a maintenant 53. Au début, Denise avait gardé secrètes les manifestations dont elle était témoin, mais lorsqu'elle est déménagée en haut de chez Martine, les manifestations se sont amplifiées: portes d'armoires qui s'ouvrent, vaisselle qui se casse toute seule, lumière qui s'allume et s'éteint, bruit de porte qui s'ouvre et se ferme. Elle n'a pas pu cacher bien longtemps ces phénomènes à sa sœur. Elles ont donc décidé de faire venir un médium pour exorciser la maison. Après l'exorcisme, Denise s'est retrouvée bien tranquille pour la première fois depuis dix ans. Le calme a duré six mois, ensuite les manifestations ont recommencé et ont redoublé d'ardeur. Au bout d'un moment, les sœurs se sont aperçues que les manifestations ne survenaient plus seulement à l'intérieur, mais aussi à l'extérieur. Quand Denise sortait pour aller au magasin ou au travail, elle se sentait suivie et observée. Par la suite, Denise a dû abandonner son travail et elle ne sortait plus seule à l'extérieur. Un jour, elle a même appelé la police parce qu'elle n'en pouvait plus. La police lui a répondu que si elle rappelait une autre fois, ils allaient la faire enfermer. Les deux sœurs ont fini par abandonner et elles ont continué de subir les manifestations, jusqu'au jour où Martine, fatiguée de tout ça, prit la carte qu'on lui avait remise et appela chez moi. Après avoir écouté son histoire, je prends rendez-vous avec elle pour aller visiter sa sœur. Elle me donne son adresse et celle de sa sœur, mais elle insiste pour que j'aille directement chez Denise, pour que je ne sonne pas à sa porte à elle parce que son mari n'est pas au courant et que de toute façon il ne croit pas à «ces choses-là».

Le jour du rendez-vous arrivé, il fait beau, c'est la première belle journée du printemps. J'arrive devant la maison de Martine, un médium m'accompagne, il gare la voiture juste devant la porte. Je prends mon papier avec l'adresse et je monte au deuxième étage, je sonne une première fois, j'attends. Aucune réponse, je sonne une deuxième fois et je vérifie mon papier, j'ai bien la bonne adresse mais ça ne répond pas. Nous redescendons jusqu'en bas. Je me retrouve devant la porte de Martine et je me demande si je vais sonner chez elle. Je ne veux surtout pas causer de problèmes entre elle et son mari. Comme il fait beau, elles ont peut-être décidé de faire une marche, alors je regarde à droite et à gauche, il n'y a personne sur le trottoir. Nous retournons donc à la voiture, mettons la clé dans le contact. À ce moment je vois une fenêtre s'ouvrir au deuxième étage et une femme sort sa tête. Elle me demande si je suis Marylène, je lui réponds que oui, alors elle me dit de monter, que c'est bien ici. Nous ressortons de la voiture, verrouillons les portières et remontons les escaliers. Arrivés au balcon, nous nous apercevons que nous avons oublié les clés dans la voiture. Alors Denise entre dans tout ses états et se met à crier: «C'est encore lui, il ne veut pas que je reçoive de l'aide.» Bien entendu, cela sentait l'œuvre d'un esprit, mais je lui accorde le bénéfice du doute. Martine me demande pourquoi je n'ai pas sonné, je lui réponds que j'ai

sonné mais à la porte d'à côté, en lui montrant
l'adresse. Martine se frappe le front, elle m'avait
donné la mauvaise adresse. Martine nous fait entrer
dans l'appartement de Denise.

Cette dernière me raconte alors ce qu'elle vit depuis maintenant 33 ans et comment elle se sent.
Elle a déjà fait deux crises de cœur et elle sent
qu'une autre est sur le point d'arriver. On s'assoit
tous à la table, je lui explique ce qu'est un cas de possession et comment cela se règle. Je me concentre
sur ses vibrations et je lui parle de l'esprit qui la hante présentement. Cet esprit n'a aucun lien avec elle,
à part celui de lui prendre de l'énergie et de lui jouer
des tours. Je parle avec lui et lui suggère d'aller vers
la lumière, il me dit télépathiquement avoir un peu
peur mais qu'il ira. Je sens énormément sa présence
dans la pièce. J'ouvre les yeux et je continue à parler
avec Denise et Martine. Tout à coup le téléphone
sonne, Denise sursaute et répond: «Allô? Allô?» Pas
de réponse, elle raccroche et se met en colère encore une fois. Je peux voir à ce moment son aura deve-
nir rouge et très grande autour d'elle. Le téléphone
sonne de nouveau, elle répond aussitôt, elle a le
temps de dire allô deux fois encore et la personne à
l'autre bout raccroche. Elle marche de long en large,
bouillonne de colère, je peux même apercevoir des
larmes dans ses yeux. Martine tente de la calmer, de

la consoler, elle y parvient à peine. J'entends un grand rire, un peu narquois. Je regarde aussitôt l'autre médium, il me fait signe qu'il a entendu lui aussi. À ce moment je sens deux mains s'appuyer sur mes épaules, c'est l'esprit de mon père, je me sens en confiance, je me sens bien. Denise s'assoit à ma gauche, je sens que l'esprit s'est calmé. J'explique alors à Denise que plus elle se fâche lorsque l'esprit lui joue des tours, plus elle le nourrit. Et plus elle le nourrit, plus il devient fort et peut utiliser son énergie sur des objets matériels.

Je me suis mise à lui parler, à l'informer sur les esprits et sur l'au-delà, je lui ai dit qu'elle attirait les mauvais esprits parce qu'elle était dans une phase négative. J'ai aussi conseillé à Denise de demander l'aide de son ange gardien, qui est là pour la protéger. Tout ce que je lui disais m'était dicté par télépathie. Cette journée-là, j'ai appris beaucoup de choses, il y avait plein d'esprits assis avec nous autour de la table, qui discutaient de ce qui était en train de se produire.

«Nous aimons échanger avec d'autres plans, surtout le plan terrestre.»

Épuisés et à cours d'énergie, nous avons quitté les lieux, en promettant à Denise d'aller voir son ange gardien et cet esprit en voyage astral, pour leur parler. Nous lui avons demandé de faire ses exercices et de nous appeler au cours de la semaine pour nous dire comment elle se portait. Le soir venu, l'autre médium fit le voyage astral promis et alla rencontrer l'esprit concerné et l'ange gardien de Denise. Cet esprit était reparti vers la lumière, mais il expliqua au médium que Denise réclamait sa présence. Le médium demanda alors à l'ange gardien de Denise de se manifester auprès d'elle.

Par la suite, j'ai rappelé Denise pour prendre de ses nouvelles. Tout semblait calme, elle me dit qu'elle s'ennuyait depuis que c'était calme. Je lui ai demandé de communiquer davantage avec son ange gardien, d'en profiter pour méditer.

Deux jours plus tard, Denise me rappelle et me dit que l'esprit est revenu, que tout a recommencé. Elle me demande d'aller rencontrer à nouveau cet esprit pour lui dire de la laisser tranquille. Je contacte l'autre médium et lui demande de retourner en voyage astral pour reparler à cet esprit. Ce n'était pas le même, c'était un nouvel esprit. Alors le lendemain je rappelle Denise et lui dit que tant et aussi longtemps qu'elle ne voudra pas se débarrasser vrai-

ment de ces mauvais esprits, eh bien, ils continue-
ront de lui voler de l'énergie et de s'en servir pour lui
causer des problèmes.

Je dis toujours aux gens que je rencontre: «Aide-
toi, le Ciel t'aidera.» J'adore aider les gens, mais je
ne peux faire le travail à leur place. Les gens qui manifestent l'envie d'avoir des esprits à leurs côtés doivent en subir les conséquences. Si on procède à une
dépossession et qu'aussitôt qu'on est parti la victime
rappelle l'esprit, il est bien évident que cela n'aide ni
l'esprit ni la victime.

Chapitre 5

La communication avec l'au-delà

Lorsque vous lirez ce livre, il se produira imman-
quablement des phénomènes bizarres autour de
vous. Soit parce que vous ne les aviez pas remarqués
auparavant, soit à cause de la lecture de ce livre. Ces
phénomènes seront encore plus fréquents lorsque
vous passerez de la lecture aux exercices. Pourquoi?
Parce que votre conscience sera un peu plus ouverte
et que vous serez plus réceptif aux esprits. N'ayez aucune crainte, ces phénomènes seront légers.

«C'est très important pour nous que
vous compreniez que nous voulons com-
muniquer avec vous, que nous nous ser-

vons de ce qui vous rend vulnérables pour nous manifester. Pour certains ce sera la peur, pour d'autres le rire, la joie, pour d'autres encore ce sera dans leurs rêves qu'ils comprendront ce que nous voulons leur dire. »

L'être humain se crée des attentes face à ces phénomènes. La plupart des gens s'attendent à voir un fantôme se matérialiser devant eux, à voir un petit lutin agiter une baguette magique pour faire apparaître et disparaître des objets. Ce genre de phénomène peut se produire, mais il ne faut pas oublier les petits phénomènes, plus courants et tout aussi extraordinaires. Il faut beaucoup, beaucoup d'énergie aux esprits pour traverser une dimension comme celle du plan terrestre et en arriver à produire un phénomène paranormal. Lorsque j'aborde cette facette, chaque fois une image me revient en tête. Celle du film *Mon fantôme d'amour* où Patrick Swayze, dans le métro, essaie de frapper avec son pied sur une cannette de boisson gazeuse vide. À force de se concentrer, d'accumuler des énergies, il réussit finalement à faire bouger la cannette. C'est bien ainsi que ça se passe dans l'au-delà. C'est pourquoi il faut être très patient lorsqu'on veut que des phénomènes paranormaux se produisent. N'oubliez pas, les petits phénomènes sont aussi importants et aussi intéressants. Les phénomènes liés à votre nouvel intérêt ou à votre intérêt croissant se produisent un peu plus fort lorsque ce sont des esprits du bas astral qui se manifestent. Il faut comprendre une chose: lors de vos exercices vous irez toucher leur dimension, vous entrerez en contact avec toutes sortes d'esprits et vous reviendrez sur ce plan terrestre vivre votre vie physique. Alors qu'eux ne peuvent plus revenir sur ce plan terrestre, ils sont confinés dans leur noirceur et bien souvent n'acceptent pas leur changement de conscience. Ils seront jaloux, voudront vous faire peur, tenteront de vous dissuader de poursuivre vos expériences. Si votre désir est de poursuivre, vous devez continuer car beaucoup de bons esprits veulent communiquer. C'est pourquoi il faut une bonne protection lors de vos exercices. Nous verrons comment dans le prochain chapitre.

AVEC QUI PEUT-ON COMMUNIQUER?

On peut communiquer avec tout genre d'esprit. Avec ceux que nous avons connus ou ceux que nous aurions aimé connaître. Avec des gens du siècle dernier, celui d'avant ou encore plus loin. On peut vouloir parler avec Napoléon ou Christophe Colomb, Einstein ou Mozart. Notre père, notre mère, notre enfant ou encore notre ange gardien. Bien sûr, Napoléon a pu se réincarner depuis que sa conscience a changé, alors on nous enverra un esprit de même évolution que Napoléon et il répondra pour Napoléon. Il nous donnera les mêmes réponses que nous donnerait Napoléon lui-même. Si par contre l'esprit est entre deux incarnations, c'est l'esprit lui-même qui prendra la parole. On peut vouloir communiquer avec quelqu'un qui était notre ennemi, pour lui demander de nous expliquer ce qui nous opposait vraiment sur le plan terrestre. Lors de telles séances nous avons pu voir des pardons se demander et s'accorder entre deux êtres. Par exemple, une jeune fille qui demandait à son père pourquoi il avait agit d'une certaine façon avec elle pendant son incarnation terrestre. La jeune fille a finalement pu comprendre et pardonner à son père. Ce qui a permis à l'esprit et à la jeune fille d'évoluer. À retenir, chacune des communications sert d'évolution.

LA PERSONNALITÉ

Notre personnalité nous est propre. Que nous soyons une âme ou un esprit, notre personnalité est notre empreinte personnelle. Cette personnalité ne change pas lorsque nous changeons d'état de conscience. Par contre, un voile est utilisé comme un censeur lorsque nous sommes sur le plan terrestre, afin de bien accomplir notre mission et faire nos expériences. Lors de notre arrivée dans l'au-delà, ce voile se lève tranquillement et nous pouvons mieux comprendre ces âmes qui implorent d'être aidées. C'est aussi grâce à cette empreinte personnelle que nous pouvons savoir avec qui nous communiquons. Si durant sa vie terrestre notre correspondant était prompt et concis, son discours lui ressemblera. Si par contre ce dernier était de nature lente et paisible, son échange sera lent et calme.

QUE POUVONS-NOUS LEUR DEMANDER?

Les esprits ne sont pas des devins. Il ne faut pas nous attendre à savoir tout de notre avenir lorsque nous communiquons avec les esprits. Car ils ne connaissent pas forcément notre avenir. Ils peuvent répondre ce qui leur est permis de nous dire. Ils nous répondent de la même manière qu'un médium sur le plan terrestre nous informe de ce qui nous attend si nous maintenons les conditions actuelles. Par contre, l'esprit qui nous répond a l'avantage d'avoir une conscience un peu plus grande, d'être un peu plus objectif face au plan terrestre. Ce qui est permis de savoir concernant notre avenir n'a qu'un but: celui de nous recentrer sur l'accomplissement de notre mission.

COMMENT JE COMMUNIQUE AVEC LES ESPRITS

Lorsque je communique avec les esprits, cela se fait la plupart du temps spontanément. Peu importe où je suis, dans quel état je suis et avec qui je suis. L'esprit, évoluant sur son plan divin, s'est vite rendu compte que j'étais une personne capable de le percevoir peu importe la manière choisie. Alors il ne se gêne pas, il tente de se faire comprendre par tous les moyens. C'est pourquoi j'apparais un peu bizarre parfois aux yeux des gens. Certaines personnes de mon entourage s'y sont habituées, car lorsque je me mets à parler à une personne invisible, ce n'est pas du tout évident. Certains esprits tentent de se faire entendre, ils vont me parler, ils me racontent toutes sortes de choses, souvent très intéressantes. Ils me parlent par télépathie, très rarement je vais les entendre avec mes oreilles physiques. D'autres vont m'envoyer télépathiquement des images, je vais les voir physiquement dans ma tête comme des images bien réelles, faisant certaines actions, dans bien des cas je les verrai plus jeune, à une période heureuse de leur vie. Quelques esprits vont se faire sentir par un toucher corporel; je sens une main sur mon épaule, une claque sur une fesse ou sur une cuisse, une caresse sur mon bras ou dans mes cheveux. Ceux que je perçois le plus sont ceux qui se font ressentir. J'ai alors la chair de poule, des frissons et les larmes me montent aux yeux, je me sens observée. Je peux ressentir vraiment la présence de quelqu'un dans la même pièce que moi.

Au cours de l'enregistrement d'une émission de télévision, on m'a demandé ce que cela m'apportait de communiquer avec les esprits. J'avoue que je n'y avais pas vraiment réfléchi, pour moi cela faisait partie intégrante de ma vie, c'était tout à fait normal. Dans un premier temps, j'ai répondu que grâce à cette faculté j'avais pu accepter le deuil de mon père et que sans elle je serais encore en train de le pleurer. Que de communiquer avec les esprits me faisait vivre une grande évolution, que j'apprenais beaucoup grâce à leur enseignement. Lorsque je donne mes ateliers, certains esprits se manifestent à moi de façon télépathique et j'enseigne à mes élèves de nouvelles choses que j'apprends en même temps qu'eux. Donc, la faculté de communiquer avec eux m'apporte l'évolution spirituelle et une certaine forme de connaissance.

Dans un deuxième temps, je me suis reposé la question, ce que j'avais dit était exact mais autre chose s'y ajoutait. Tout d'abord, cela m'apporte un bien-être, une confiance en moi, une nouvelle énergie. Comment vous décrire ce que je ressens lorsque je donne un message à une personne, que celle-ci est toute heureuse et que dans ses yeux je vois briller des étoiles? C'est une grande richesse dans ma vie, et j'ai la chance de la partager et d'aider d'autres gens avec cette faculté, sur le plan terrestre et sur le plan divin. Cela me remplit de joie. Je remercie chaque jour le bon Dieu de m'avoir permis d'amener avec moi cette faculté.

Communiquer avec les gens décédés est pour moi un don naturel. Le plus souvent, ces communications se passent lors de mes consultations. Je peux affirmer être en contact avec des esprits, mais c'est à la personne assise en face de moi de m'affirmer si l'esprit avec qui je suis en train de communiquer est tel ou tel individu. Les personnes décédées passent par moi pour transmettre des messages bien précis aux consultants. Ces derniers ne sont pas encore réceptifs aux messages envoyés. Ma récompense est de voir les personnes en face de moi heureuses d'avoir reçu un message provenant d'un défunt. Certains messages délivrent les gens, j'en vois rire, j'en vois pleurer. Pour d'autres, recevoir le message d'une personne décédée est un pas vers l'acceptation du deuil, un genre de thérapie. Ils comprennent mieux ce qu'est la mort, le pourquoi et le comment. Ils viennent chercher de l'espoir, des conseils.

Ma toute première communication avec une personne décédée, au cours d'une consultation, s'est justement déroulée lors de ma première consultation professionnelle. Je demande à la femme qui est assise devant moi de me donner les cartes, je commence par avoir des visions, je lui explique ces images, je lui fais part de mes prédictions, lorsque tout à coup je me sens toute drôle, à l'intérieur de moi quelque chose bout, je ressens la présence d'une personne invisible dans la pièce. Je me penche sur les cartes et j'entrevois une image claire, celle d'un homme tentant de se suicider. Je reporte mon regard sur la dame en avant de moi et je lui demande si dans son entourage il n'y aurait pas dernièrement un homme qui aurait tenté de se suicider. Elle me regarde comme si je venais d'une autre planète. Son frère s'était suicidé l'année précédente. J'entre en semi-transe, c'est-à-dire que je m'ouvre un peu plus au monde de l'au-delà, comme si je débrouillais un

canal exprès pour ces esprits. J'entends la voix de
son frère me dire: «Demande-lui de pardonner mon
geste, de comprendre et surtout d'accepter ma
mort.» Je transmets le message mot pour mot à la
dame, qui pleure à chaudes larmes. Je poursuis la
consultation mais un mot ne cesse de revenir: cierge. Ne comprenant pas pourquoi ce mot me hante,
je le laisse de côté. Vers la fin de la consultation, le
mot revient encore plus fort, alors j'explique à la
femme que le mot «cierge» n'arrête pas de se faire
entendre. Je lui demande à quoi il peut correspondre
pour elle, mais elle me répond que le mot ne lui fait
penser à rien. Ma petite voix me souffle de lui demander le nom de son frère décédé, ce que je fais
aussitôt, et elle me répond: «Serge.» Elle fait le lien
en même temps que moi: cierge et Serge! La femme
est alors convaincue que c'est bien son frère qui est
venu lui transmettre un message.

EXPÉRIENCES PASSÉES

Jean-Pierre

Je ne peux écrire ce chapitre sans parler de Jean-
Pierre, cet esprit qui a voulu communiquer avec sa
famille au complet. La première manifestation de

Jean-Pierre a eu lieu au cours d'une consultation de
Patricia, la femme du neveu de Jean-Pierre. Pendant
la consultation, j'ai commencé par m'étouffer,
j'avais de la difficulté à respirer. Je dis à Patricia:
«J'étouffe, j'ai chaud, je sens une brûlure sur mon
bras.» Le phénomène se calme, je lui demande si
une personne qu'elle connaît n'est pas décédée pendant un incendie. En effet, l'oncle de son mari était
pompier et il est décédé sur les lieux d'un incendie.
Un peu plus tard, un nom ne cessait de me revenir
en tête, je lui demande si elle connaît un certain
Jean-Pierre. C'était justement le nom du pompier
décédé.

La semaine suivante, je reçois deux dames à mon
bureau pour une consultation de cartes. L'entretien
avec la première se déroule de façon normale. La seconde entre dans ma salle de consultation, aussitôt
qu'elle s'assoit en face de moi, je sens la présence de
Jean-Pierre. Je commence la consultation, mais
Jean-Pierre semble insistant, il veut transmettre un
message. Je demande alors à la dame si elle ne serait
pas parente avec Patricia, elle me fait un sourire et
me dit: «Je suis la sœur de Jean-Pierre.» Ce que
j'ignorais totalement. Je lui transmets donc le message venant de son frère et la dame repart soulagée
et heureuse d'avoir eu ce message.

J'ai reçu par la suite au moins cinq autres membres de sa famille, Jean-Pierre avait un message pour chacun d'eux. Il paraissait heureux, bien, souriant. Même à l'extérieur des consultations, il venait me voir, il tentait de me communiquer des messages pour moi. Par une belle journée je reçois la visite d'une jeune femme, elle semble décidée, je sens chez elle un caractère très fort. Je la fais entrer dans ma salle, Jean-Pierre entre avec nous, il semble très énervé, je le sens comme un enfant devant une surprise. Je lui demande télépathiquement la raison de sa présence, il ne me répond pas, il regarde la femme assise en face de moi, il la dévore des yeux. J'amorce la séance, la jeune femme me donne les cartes une à une, je vois aussitôt le départ d'un homme vers l'au-delà, mais avant de l'affirmer je regarde l'ensemble des cartes. Je commence tout doucement par lui demander si elle n'aurait pas perdu une personne chère, près d'elle. Elle me répond oui, mais sans me dire de qui il s'agit. Je me mets à étouffer, à sentir une certaine chaleur, je la regarde et je lui demande: «Ne seriez-vous pas la femme de Jean-Pierre?» Je vois aussitôt Jean-Pierre sauter dans les airs, content, il me presse de questions que je ne comprends pas du tout. Incapable de me parler, la femme me fait oui de la tête. C'est un moment d'émotion très intense. Voulant satisfaire ma curiosité, depuis maintenant un mois que je côtoie ce Jean-Pierre, je voudrais bien confirmer certaines vibrations, certains messages. Je décris à la jeune femme comment il m'apparaît, la couleur de ses cheveux, ses yeux, sa corpulence, son caractère, ses expressions. Elle me demande si j'aimerais le voir en photo. Bien sûr, quelle question! La photo correspond en tous points avec ma description et avec ce que je voyais de Jean-Pierre.

Tout au long de sa consultation, Jean-Pierre s'est manifesté, même que parfois il m'empêchait de me concentrer, jusqu'au moment magique: la jeune femme me parle d'un projet futur, j'essaie de l'écouter mais Jean-Pierre me montre ses boucles d'oreilles, je lui dis télépathiquement d'attendre une minute. Elle finit sa phrase, alors je lui dis que Jean-Pierre n'arrête pas de me montrer du doigt ses boucles d'oreilles et qu'il essaie de me transmettre un message à travers elles. Je vois perler deux grosses larmes sur les joues de la femme, je vois Jean-Pierre qui la regarde rempli d'amour, on ressent l'émotion dans toute la pièce, le temps semble s'arrêter. Finalement, le moment que je considère magique s'arrête, la femme me raconte que les boucles d'oreilles qu'elle porte présentement sont le dernier cadeau que Jean-Pierre lui a fait avant de partir neuf ans plus tôt et qu'elle ne les a jamais enlevées depuis.

Il m'arrive souvent de ressentir les émotions de la personne décédée. Comme avec Jean-Pierre je pouvais ressentir la joie, l'amour, avec d'autres esprits il m'arrive de ressentir d'autres émotions comme la peine, la haine, l'indifférence. Il m'arrive d'éprouver très fortement ces émotions au point de vivre «terrestrement» ces émotions. Des larmes coulent de mes yeux ou j'émets un rire spontané.

Michel

Je suis au téléphone avec ma cousine, on discute de tout et de rien. La conversation se dirige vers Michel, son conjoint. Elle me raconte que Michel doit appeler pour les nouvelles assurances de son auto. Je lui dis de se méfier, mon petit nez de sorcière sent drôle, c'est une expression que j'ai héritée de mon entourage, pour nommer mon don de voir venir un événement. Aussitôt ces paroles prononcées, je sens une présence arriver. À l'autre bout de la ligne Nancy ne comprend pas ce qui m'arrive, elle trouve ma voix changée, je lui parle comme si je n'étais pas là. Je sens l'esprit m'envelopper comme un manteau, je suis bien, je ressens plein d'amour. Je sais aussitôt que c'est la mère de Michel, décédée depuis deux ans, puisque l'amour ressenti est celui d'une mère pour son enfant. Je pleure, de grosses larmes coulent sur mes joues, mais je souris, je suis heureuse. J'ai par contre de la difficulté à parler, à transmettre le message: sa mère... sa mère veut lui dire... veut lui dire qu'elle l'aime. Voilà, le message est sorti. Je la vois partir, je me sens vide, vulnérable, un autre esprit veut entrer, instinctivement je lève mes bras vers ma tête comme pour les empêcher de m'approcher. Je suis bouleversée, Nancy, qui est toujours à l'autre bout du fil, me demande si tout va bien, je lui réponds que mes larmes continuent de couler mais que je vais très bien. Michel venait justement de demander à sa mère de l'aider à traverser quelque chose de difficile, elle était tout simplement venue lui dire qu'elle l'aidait, et je peux vous dire qu'elle l'aide encore.

Dernière soirée

Je reçois une dame en consultation et comme lors de beaucoup d'entre elles se présente un esprit. La dame, elle-même, a ressenti la présence de cet esprit. À la fin de la consultation, elle me demande si à l'aide d'un objet ayant appartenu à son défunt frère, je peux lui parler de ce dernier. C'est justement le genre d'expérience que j'aime. Elle me présente un sac à main que l'on met autour de la taille et me demande de lui décrire ce qui est arrivé à une date précise. Je prends le sac dans mes mains et déjà je sens les vibrations de l'esprit. Je vois un décor où il fait sombre, à ma droite il y a une station-service, un homme fume une cigarette. Je commence à expliquer à la dame ce qui s'est passé dans les derniers instants de la vie du défunt. Il y aurait eu une dispute... L'homme de la station-service serait sorti pour prendre l'air et aurait décidé que c'en était terminé. À ce moment précis, il savait ce qui l'attendait. J'ai dit à la dame que son frère avait voulu simuler un suicide, mais que «par accident» le suicide avait eu lieu. Ce que la dame m'a tout de suite confirmé. J'ai décrit tous les traits de caractère de la personne et je lui ai même dit que la dernière chose que son frère avait faite avant de partir avait été de s'acheter un paquet de cigarettes à la station-service. La dame n'en revient pas, elle m'explique qu'il ne reste que la monnaie rendue pour l'achat d'un paquet de cigarettes et celui-ci dans la sac à main, et que c'est réellement la dernière chose que son frère a faite cette nuit-là! Qui d'autre que cet homme lui-même aurait pu me donner tous ces renseignements?

Simon

Au cours d'un salon d'ésotérisme, je reçois la visite d'une jolie jeune fille. Elle désire avoir une consultation et savoir ce que l'avenir lui réserve. Je m'installe, me concentre et observe les cartes, il semble y avoir beaucoup de changements à prévoir pour elle, mais avant elle doit oublier un homme, elle ne peut revivre avec cet homme, il n'y a aucun espoir. Ses yeux sont tristes. Derrière elle je vois les vibrations de l'homme en question, je lui demande alors si l'homme que je vois dans les cartes est toujours vivant. C'est là qu'elle me répond que non et qu'elle m'explique dans quelles circonstances il est décédé. J'avais déjà rencontré sa cousine auparavant et je lui avais remis, à sa demande, un feuillet expliquant comment communiquer avec les gens décédés par les rêves. Elle me raconte que grâce à cette méthode elle a pu rencontrer Simon en rêve et qu'il lui a décrit comment s'était produit l'accident. Il a insisté pour lui dire qu'il n'avait pas souffert avant de partir. Nous poursuivons la séance, mon regard se fixe sur une breloque en forme de cœur que Christine porte à sa chaîne, je me sens hypnotisée par cette breloque, je lui demande alors si c'est Simon qui lui a offerte, elle me dit que oui. Des images se mettent à défiler à l'intérieur de cette breloque, des images de leur vie à deux, images que me confirme Christine.

Au même moment, Simon décide de se manifester télépathiquement à moi, il veut transmettre à Christine un message important: avant de partir, ils avaient fait un projet ensemble, celui d'aider un adolescent à faire quelque chose de précis. Elle me regarde, surprise: oui, ils ont fait un projet concernant un adolescent. Je lui transmets alors le message de Simon: «Je veux que tu continues, même si je ne suis pas là...»

Les messages pour moi peuvent paraître anodins, banaux, mais jamais pour les consultants assis en face de moi. C'est à l'aide de certains mots, certaines expressions que justement ils reconnaissent la personne décédée. Je peux reprendre à l'occasion un geste que le défunt faisait, voire un trait physique le caractérisant. Dans un chapitre précédent, je vous ai expliqué que l'eau était un médium, un moyen très efficace pour percevoir les choses et les êtres qui sont de l'autre côté. Lors d'un voyage au Mexique, j'ai vécu une expérience de ce genre.

Au Mexique

Je suis en vacances au Mexique, mon tout premier voyage en pays étranger. Depuis trois jours, je ne me soucie que de m'amuser, manger et me baigner, mais je ne me sens pas aussi détendue que je devrais l'être. Quelque chose se retient à l'intérieur de moi. On fait connaissance avec un nouveau groupe d'amis, installés au même hôtel que nous. À la quatrième journée, on se rejoint tous à la piscine, on se retrouve entre nouveaux amis et on décide de disputer une partie de volley-ball dans l'eau. La partie finie, on continue de discuter tout en demeurant dans la piscine. Une femme faisant partie de notre nouveau groupe d'amis s'approche de moi, je la regarde et, je ne sais pourquoi, je lui demande qui est Rose dans sa vie. Elle me fixe, à la fois méfiante et surprise: «C'est le nom de ma mère, elle est décédée quand j'étais toute petite.» Me voilà aussitôt en transe, sa mère cherche à lui transmettre un message. L'instant d'après c'est l'esprit de mon père qui veut communiquer, je rejoins Jeanne, la femme de mon père, et sa bru. Toute les quatre on se tient par la main dans la piscine et je sers de transmetteur aux esprits. Mon père transmet des messages à Jeanne et le fils de cette dernière, Dominic, décédé lui aussi, transmet des messages à sa petite amie. Je ne suis plus capable de m'arrêter, certaines personnes ont bien essayé, elles étaient inquiètes pour moi, mais rien ne réussit à m'arrêter. Lorsque, à bout d'énergie, je réussis à sortir de la piscine, je suis revenue à moi. Je ne me souviens plus de rien, d'aucun message, c'est seulement par la suite que j'ai su ce qui s'était passé. Je me suis enfin sentie bien et délivrée de qui se retenait à l'intérieur de moi.

La promesse

Après avoir rencontré un groupe de consultantes, j'aime bien m'asseoir avec eux et discuter de parapsychologie. Le sujet principal est presque toujours le même: les esprits. Les gens me demandent si tel ou tel phénomène peut être l'œuvre d'un esprit, comment on communique avec eux, etc. Un soir, lors d'une réunion, une jeune fille nous livre un beau témoignage: «Un matin, ma grand-mère se regarde dans le miroir, elle prend sa brosse et commence à brosser ses longs cheveux. Tout à coup, elle voit dans le fond du miroir un chemin et sur ce chemin mon grand-père qui vient vers elle. Mon grand-père est décédé depuis quelques semaines et, avant de mourir, ma grand-mère et lui s'étaient fait une promesse: le premier des deux qui part doit revenir dire à l'autre comment c'est de l'autre côté. De son chemin, mon grand-père regarde ma grand-mère et lui dit: "Ne fais plus jamais cette promesse, si tu savais comme c'est difficile pour nous. Je reviens de loin et je suis bien dans ce nouvel endroit." Mon grand-père fait un grand sourire à ma grand-mère et l'image dans le miroir s'évanouit.»

Chapitre 6

Les techniques de communication

Voici un chapitre où la pratique sera au rendez-vous. Comme je vous l'expliquais dans les chapitres précédents, pour entreprendre les exercices de ce livre il faut avoir une certaine connaissance et une certaine préparation. On ne «joue» pas avec les esprits, il faut en premier lieu une bonne protection et une permission. Les esprits ont beaucoup à nous apprendre.

«Nous vous attendons.»

LA PROTECTION

La protection est l'élément essentiel à tout exercice psychique. C'est un exercice très simple à faire, mais il faut bien le faire. Tout d'abord, vous devez être dans un état de détente pour ces exercices, ne tentez jamais de communication lorsque vous êtes malade, fatigué ou en colère. Par la suite, prenez trois grandes respirations profondes, libérez votre mental. Lorsque vous vous sentez bien, passez à l'étape suivante. Entourez-vous d'une grande boule d'énergie, imaginez-la d'une belle couleur. Ensuite, demandez à votre ange gardien de vous assister dans votre exercice et de vous protéger. En dernier lieu, demandez la permission à Dieu de pouvoir communiquer avec les esprits. Si vous ressentez un bien-être, si vous êtes calme, c'est que vous pouvez passer à l'action. Si par contre vous vous sentez mal à l'aise, ou si une peur soudaine vous envahit, remettez l'exercice à plus tard ou à une autre journée.

Si vous faites l'exercice en groupe, la protection est encore plus importante. Plus il y a d'énergie, plus vous aurez de manifestations. Il faut que chacun fasse l'exercice précédent mais, en plus, si c'est vous qui menez le groupe, vous devez rajouter une boule d'énergie autour du groupe. Vous devez vous assurer de bien connaître chaque participant et de bien maîtriser la séance, s'il devait se passer différents phénomènes au cours de l'exercice. Plus il y a d'harmonie dans le groupe et plus les communications seront agréables et enrichissantes. Le genre de personnes à éviter dans ces exercices est les sceptiques. Ils perturbent les vibrations et ont tendance à attirer les mauvais esprits. Attention: il y a deux genres de sceptiques. Le premier est celui qui ne croit pas à ces phénomènes et qui ridiculise ceux qui y croient. Le second est celui qui est sceptique mais qui ne demande qu'à voir et qui respecte ceux qui font ce genre d'exercice. Dans le premier cas, il ne sert à rien de tenter de le convaincre, vous allez perdre vos énergies pour rien, ne lui parlez même pas des exercices que vous faites. Dans le second cas, ne l'invitez que lorsque vous maîtriserez bien vos exercices. Vos succès en dépendent.

LA PERMISSION

Nous savons maintenant qu'il peut s'avérer possible de communiquer avec l'au-delà. Nous savons aussi que toutes ces communications ont un but: notre évolution. Il est important de demander à Dieu d'être témoin de cette évolution, c'est pourquoi nous lui demanderons d'approuver ces rencontres avec les esprits sous forme de permission. Au moment de faire votre expérience, recueillez-vous à l'intérieur de vous-même et demandez à Dieu la permission d'entrer en contact avec l'esprit choisi ou avec les esprits en général. Demandez la permission de changer de plan, de traverser dans une autre dimension. Votre permission vous sera toujours accordée si votre objectif est de faire le bien.

PASSER À L'ACTION

Maintenant que vous êtes prêt à passer à l'action, il y a quelques dernières recommandations à vous faire. L'ambiance. Vous devez faire ces exercices dans une ambiance saine, relaxante, propice à la réception des vibrations.

Pour favoriser vos communications, voici dans quelle ambiance il est propice de travailler. Choisissez la pièce où vous vous sentez le mieux, allumez quelques chandelles ou lampions et éteignez les lumières. Faites brûler de l'encens pour chasser les mauvaises vibrations et attirer les bons esprits. Mettez une musique de détente en sourdine et installez-vous confortablement. Faites votre exercice de protection et demandez votre permission. Il est très important de vous sentir bien. Au début, vous sentirez de nouvelles émotions vous envahir. À mesure que vos exercices fonctionneront, vous aurez de plus en plus confiance en vous-même.

Il est tout à fait normal que les premières fois où vous tenterez l'expérience, certains exercices ne fonctionnent pas du premier coup. Un seul mot: persévérez. Vous vous sentirez plus à l'aise et plus en harmonie avec certains exercices particuliers, alors qu'avec d'autres cela pourra vous prendre des années avant de les réussir. Il est toujours mieux de donner rendez-vous aux esprits avant tout exercice; indiquez-leur l'endroit et choisissez toujours la même heure. La régularité est un gage de succès.

Une toute dernière recommandation. Tenez un livre de bord de vos exercices. Après chaque essai, notez les détails de l'expérience: ce qui s'est passé, comment vous vous sentiez avant, pendant et après. Vous pourrez relire ce livre et y remarquer une certaine évolution. Dans ce livre il serait bon d'ajouter tous les phénomènes psychiques que vous vivrez au courant de la journée, vos pensées, vos remarques et vos appréhensions.

LES TECHNIQUES DE COMMUNICATION AVEC L'AU-DELÀ

Les différentes méthodes qui vont suivre peuvent être utilisées par tous. Je commencerai par les rêves, exercice qui, selon moi, est le plus accessible et le plus facile à mettre en pratique.

Les rêves

Lorsque vient la nuit, l'âme sort de notre corps physique, elle va chercher des outils et valider les informations reçues durant la journée afin de parfaire son évolution. L'âme erre sur différents plans, elle se retrouve bien souvent sur le même plan que les gens décédés. Le fait que c'est votre âme qui se retrouve parmi eux vous permet de les voir, de les sentir et de leur parler comme lorsqu'ils étaient sur notre plan physique. Ce qui est vraiment dommage, c'est que la plupart des gens à leur réveil se disent heureux d'avoir revu ces êtres, mais que c'était seulement un rêve! C'est là qu'ils se trompent. Ils ont bel et bien échangé avec ces personnes décédées, car ils étaient sur leur plan à elles.

Voici la technique pour communiquer avec les esprits grâce à vos rêves. Choisissez de faire cet exercice un soir où vous n'êtes pas pressé de vous lever le lendemain matin.

Avant de vous endormir, feuilletez des albums de photos se rapportant à l'esprit que vous désirez contacter.

Demandez à Dieu la permission de rencontrer cet esprit sur son plan d'évolution.

Parlez à l'esprit lui-même, donnez-lui rendez-vous. Dites-lui pourquoi vous voulez le voir.

Endormez-vous avec les souvenirs concernant cet esprit et dites-vous qu'au matin vous vous souviendrez de vos rêves.

Au matin, éveillez-vous calmement, demandez-vous où vous étiez il y a cinq minutes. Changez de position doucement dans votre lit et laissez les images remonter à la surface.

Prenez des notes concernant les rêves faits au cours de la nuit, vous saurez à travers ceux-ci si vous avez parlé avec l'esprit.

Si vous ne vous souvenez d'aucun rêve, recommencez une autre journée. Il se peut que l'esprit ne soit pas disponible non plus.

Le voyage astral

Cette méthode demande beaucoup de concentration et de pratique. Un voyage astral, c'est lorsque vous atteignez un état de détente extrême mais où vous gardez un total contrôle sur votre conscience. Votre âme quitte votre corps et votre conscience étant toujours en éveil, vous voyez tout ce qui se passe autour de vous, dans le plan physique et par la suite dans les différents plans où vous décidez de vous rendre. Il est, dans ces cas, très facile de communiquer avec les gens décédés. J'ai eu la chance à un moment d'avoir un ami qui pratiquait cette méthode. Il pouvait faire des voyages astraux à volonté et rencontrer des esprits. Bien des gens faisaient appel à lui pour avoir des messages de leurs guides et de leurs parents décédés. J'ai rencontré Claude deux semaines avant le décès de mon père. Ils ne se sont jamais rencontrés. La journée où mon père est décédé, Claude s'étend sur le divan et fait un voyage astral. Pendant ce temps je suis assise à la table de cuisine chez ma mère, il est plus de 3 h du matin, maman et moi discutons de ce qui est arrivé. Claude se lève et vient nous rejoindre. Il me transmet un message venant de mon père. Ma mère et moi le regardons, incrédules. Les paroles et les expressions qu'utilise Claude sont celles de mon père. Mots, intonations, tout est identique. Pourtant, Claude ne l'avait jamais vu et ne lui avait jamais parlé.

La télépathie

Lorsque votre esprit vagabonde, lorsque vous pensez à une personne décédée, écoutez ce que votre âme vous dit. Cela peut paraître bizarre à expliquer, mais les réponses que vous attendez d'un esprit peuvent vous parvenir dans votre tête, tout simplement. Vous êtes dans une situation quelconque et vous dites à votre parent décédé: «Qu'est-ce que tu ferais à ma place?» Une réponse vient, spontanée, inattendue. Vous pensez ou plutôt votre côté logique pense que cette réponse, c'est vous qui l'imaginez. Pas du tout. Si une réponse arrive avant que vous n'ayez eu le temps de réfléchir, c'est que cette réponse vient assurément de l'esprit. Encore plus lorsque la réponse ressemble vraiment à ce que vous dirait cette personne si elle était devant vous. Faites le test suivant: posez une question à quelqu'un de l'au-delà, à une personne décédée ou à votre ange gardien. Attendez la réponse, la première qui vient. Vous verrez que cette réponse, vous n'auriez pas pu l'imaginer. Écoutez bien la voix, vous pourriez même reconnaître l'intonation de la personne disparue. Pratiquez cet exercice souvent et vous verrez, vous allez développer cette méthode très rapidement et très facilement.

Le matin où je reçus la nouvelle concernant le décès de ma cousine Loulou, j'étais en route pour le travail. J'ai voulu retourner sur mes pas et revenir à la maison, mais je me suis dit que le travail allait me changer les idées. Voir des gens et parler me ferait le plus grand bien. La matinée fut longue, plusieurs souvenirs me revenaient, surtout notre dernier voyage. J'entamai l'après-midi en travaillant à mon ordinateur. Lorsque j'écrivais, d'autres lettres apparaissaient. Croyant avoir des hallucinations, j'effaçais ma ligne et je recommençais. D'autres lettres se rajoutaient à mes mots. L'image de Loulou traversa mon esprit. Je lui parlai tout haut et je lui demandai si c'était elle qui tentait de communiquer avec moi. Réponse immédiate: «Oui.» J'éloigne ma chaise de mon bureau et je lui demande ce qu'elle veut me dire. J'entends sa voix me dire qu'elle veut que j'écrive un texte en sa mémoire et que j'en fasse la lecture lors de son service à l'église. Pourquoi moi? Il y a des cousins et cousines plus près d'elle que moi. Elle me dit: «Parce que toi tu pourras leur dire qu'on peut communiquer avec l'au-delà.» Je lui explique que c'est une situation délicate, je ne me vois pas appeler ma tante et lui dire: «Voilà, je veux faire un texte et je veux le lire à l'église.» Je sens de la déception à l'intérieur de moi. Alors je dis à Loulou: «Si tu veux réellement que j'écrive quelque chose pour toi je vais le faire, mais si tu veux que je le lise à l'église pour tout le monde il faudra que tu fasses en sorte que ta mère me le demande.» Fin de la communication. Croyez-le ou non, une demi-heure plus tard ma mère me téléphonait au bureau pour m'indiquer les heures du service funèbre et en profiter pour me dire que ma tante aimerait bien que ce soit moi qui écrive l'homélie de Loulou et que si je m'en sens la force, d'aller la lire devant tout le monde à l'église!

Messages reçus par radio, télévision ou livre

Il n'y a pas que nous qui tentons de communiquer avec les esprits. Les esprits eux aussi tentent de communiquer avec nous. La radio et la télévision sont animées par des ondes que nous ne voyons pas, tout comme les esprits. Les esprits peuvent interagir avec ces ondes. Comme vous savez, le hasard n'existe pas, lorsque vous ouvrez votre radio à un moment bien précis, écoutez les paroles de la chanson. Il est fort probable que la chanson réponde à vos questions du moment, que vous ayez l'impression que la chanson vous parle. Bien souvent, c'est l'esprit qui vous parle par le biais de cette chanson.

Lorsque mon père est décédé, la chanson *Ceux qui s'en vont ceux qui nous laissent* de Ginette Reno jouait dans les moments les plus difficiles de la journée. J'avais déjà entendu la chanson mais depuis son décès, chaque fois que j'allumais la radio, cette chanson jouait. Ce phénomène arrivait à ma sœur aussi. J'ai compris qu'on tentait de m'envoyer un message. J'ai associé cette chanson à mon père et je lui ai dit que chaque fois que je l'entendrais je comprendrais qu'il tentait de me parler.

Un an après le décès de papa, la chanson me parlait toujours. Un soir en revenant de chez ma mère, j'avais dans les mains une gerbe de lilas. J'étais assise dans l'auto près d'un ami, j'ai fermé les yeux et j'ai respiré l'odeur des lilas. J'ai dit à mon ami: «Papa aimait beaucoup l'odeur des lilas.» Mon ami me regarda et me fit un sourire, l'instant avait quelque chose de magique, je sentais la présence de mon père entre nous deux. Soudain, à la radio, la chanson fétiche se fit entendre. Ce fut un moment rempli d'émotion. Par la chanson qui jouait en cet instant précis j'avais une réponse à ce que je ressentais.

On peut parler aux esprits et leur demander de nous répondre par une chanson. Jeanne a perdu son garçon un an après que j'ai perdu mon père. Dominique avait 21 ans lorsqu'il est décédé. Peu de temps avant qu'il ne parte, Jeanne et Dominique ont fait un petit voyage ensemble. Dom était un joueur de hockey et il lui arrivait de jouer à l'extérieur, Jeanne l'accompagnait souvent. En revenant d'un de ces voyages, Dom met dans le lecteur une cassette contenant ses chansons préférées. La chanson de Patrick Bruel *Qui a le droit?* se met à jouer, Dom regarde sa mère et lui dit: «Chaque fois que j'entends cette chanson, il y a quelque chose qui se passe à l'intérieur de moi, j'aime beaucoup cette chanson.» Dom chante avec Jeanne tout le long du voyage la chanson de Patrick Bruel. Quelques mois après son décès, Jeanne revient de travailler, elle est seule dans son auto. Une crise d'ennui envers Dom s'empare d'elle, une image lui revient, elle le voit peu de temps avant son départ. Elle sent sa présence, elle lui demande: «Est-ce que c'est toi qui est là?» Pour réponse, la radio commence à diffuser la chanson *Qui a le droit?* Pour elle, il était clair et net que le message venait de Dom.

La télévision peut elle aussi transmettre ses messages. Soit parce que les acteurs curieusement vivent ce que vous vivez. Soit que par les publicités on vous donne une réponse à ce que vous cherchez.

J'ouvre la télé et, en cette période de l'année, la chaîne que je regarde ne diffuse qu'à partir d'une certaine heure. Juste avant sa programmation il y a un intermède musical d'une demi-heure: *Les images du Québec*. J'allume la télé au moment où commence cet intermède. La première image qui apparaît à l'écran est celle d'un train. Je reconnais le décor, pour avoir pris ce train tellement souvent avec mon père. Je suis attirée par cette image, le train avance, l'image suivante montre le train de côté, il y a un homme en uniforme dans les marches du premier wagon, je regarde attentivement car je crois reconnaître mon père. Je crois halluciner, mon père est décédé depuis maintenant quelques mois, ça ne peut être lui. Je programme mon magnétoscope pour le lendemain. Le jour suivant, mon magnétoscope enregistre la séquence en question. Je me dépêche de rembobiner la vidéocassette et d'écouter au ralenti la séquence. J'appuie sur pause et je reste béate devant l'écran. C'était bel et bien mon père qui était dans les marches du wagon. Cette séquence avait été filmée quelque temps avant sa mort.

Tout peut nous parler, une chanson, une émission à la télé ou un objet. Beaucoup de gens me racontent avoir retrouvé quelque chose ayant appartenu à un défunt dans un endroit totalement inexplicable.

Je viens d'emménager dans mon nouveau logement et je suis à défaire mes boîtes. J'en ouvre une dernière avant d'aller prendre mon dîner et de cette boîte tombe une carte postale. J'y jette un coup d'œil distrait et je reconnais l'écriture de mon père. Je dépose la boîte que je m'apprêtais à défaire et je lis la carte postale, datée du 4 juillet 1980.

> *c'est loin, ça prend du temps en train.*
> *Je m'ennuie déjà de mes filles.*
> *Une chance il fait très beau*

Ce qui retient mon attention, c'est que le texte de la carte postale ne commence pas avec une lettre majuscule et ne se termine pas par un point. On aurait dit que la phrase sortait d'une histoire plus longue et plus complexe. C'est comme si le message venait d'être écrit et qu'on me l'avait remis. Je ne me souvenais absolument pas de cette carte postale. Je ne l'avais même jamais revue après l'avoir reçue. Et là, tout à coup, elle tombe toute seule de la boîte. Ce que j'ai compris de ce message, c'est que mon père voulait me dire que l'apprentissage de l'autre côté était long, qu'il s'ennuyait et que c'était bien de l'autre côté. Sinon pourquoi aurais-je eu ce message-là à cet instant?

Un autre exercice très intéressant est celui des messages reçus par les livres. Il existe sur le marché des jeux de cartes où vous pigez une carte et celle-ci vous révèle les émotions vécues au moment présent. On peut faire la même chose avec un livre. Il faut tout d'abord choisir un livre, spirituel ou parlant d'esprits, si on veut poser une question à un esprit. Il faut poser sa question à voix haute, ouvrir le livre à n'importe quelle page et lire le paragraphe ou la page choisi. On aura une réponse à sa question. Notre main sera guidée par notre ange gardien ou par l'esprit qui veut tenter une communication.

Le spiritisme

Aussi loin que nous pouvons remonter dans l'histoire, l'homme a toujours voulu communiquer avec les morts. Mais le spiritisme tel que nous le connaissons aujourd'hui a vu le jour à Hydesville, dans l'État de New York, en 1847. Deux adolescentes, les sœurs Fox, ont réussi à entrer en contact avec un esprit qui avait été assassiné dans la maison familiale. Les jeunes filles posaient des questions à l'esprit et celui-ci leur répondait par des coups à l'intérieur des murs de la maison. L'expérience a fait le tour du pays et ensuite le tour du monde. On venait sur place constater les faits. Par la suite, une vague d'engouement a déferlé dans les salons mondains. C'était devenu pratique courante. Plusieurs objets servaient d'outil pour entrer en contact avec l'au-delà, entre autres les tables tournantes. Le ouija avait quant à lui déjà fait son entrée. Platon, un philosophe grec, fut le premier à créer une planche munie de roulettes qu'il déplaçait sur une roche plate comportant des symboles ésotériques. Il se servait de cet instrument dans un but divinatoire. Aujourd'hui nous assistons à des phénomènes liés aux transcommunications: c'est la communication des esprits par les magnétophones, magnétoscopes, ordinateurs ou autre appareils reliés à l'électricité.

Voyons maintenant ces différentes méthodes.

Le ouija

Ce célèbre jeu est encore commercialisé de nos jours. Il peut être dangereux entre les mains de certaines personnes. Par contre, il est bien utile à ceux qui savent l'utiliser.

Vous pouvez vous en procurer un dans un magasin ou vous pouvez vous en fabriquer un. Prenez une planche, peu importe sa dimension. Inscrivez les 26 lettres de l'alphabet en lettres de $1/2$ pouce en demi-cercle autour de la planche, sans en écrire au bas de la planche. De 1 pouce à 1 $1/2$ pouce plus bas, inscrivez les chiffres de 0 à 9. N'oubliez pas de laisser un espace entre chaque lettre et chaque chiffre. À un bout de la planche, inscrivez: «oui», et à l'autre bout: «non». Au centre, mettez un point d'interrogation. Dans le bas de la planche, inscrivez le mot: «Goodbye», c'est par là que les esprits partiront à la fin de leur communication. Voilà, votre planche est presque prête à fonctionner, il ne vous manque plus que l'instrument qui voyagera d'une lettre à l'autre. Vous pouvez vous fabriquer un accessoire comme celui qui est commercialisé, c'est une petite planche de forme ovale arrondie d'un côté, avec deux petites pattes en dessous, et à l'autre extrémité la forme devient pointue et possède une petite patte en dessous. C'est avec l'extrémité pointue que vous pourrez lire votre message. Vous pouvez utiliser autre chose, par exemple un petit verre ou un pendule.

Étapes et règles à suivre

Inscrivez vos questions sur une feuille avant de commencer.

Créez une ambiance, avec chandelles, encens... Il faut que vous vous sentiez à l'aise. Pour ne pas vous faire déranger, coupez la sonnerie des téléphones.

Faites votre protection et demandez votre permission.

Vos questions doivent être courtes et précises. Ne posez pas deux questions dans la même, par exemple: «Est-ce que je vais me marier avec Pierre et être heureuse?» L'esprit peut vouloir dire non au mariage avec Pierre et vouloir dire oui à être heureuse.

Posez vos questions à voix haute.

Ne posez pas deux fois la même question si la première réponse ne vous convient pas, vous perdez temps et énergie. Il est possible que l'on ne puisse vous donner une réponse. Posez des questions constructives, des questions qui vous éclaireront, qui vous feront évoluer. Ne demandez pas quel temps il fera demain, ni vos numéros de loto chanceux, parce que vous attirerez ce qu'on appelle des esprits moqueurs, ils ne vous indiqueront que des faussetés.

Assurez-vous de l'identité de l'esprit avec qui vous communiquez. Si vous avez demandé à un esprit en particulier de venir, posez-lui des questions dont seuls lui et vous connaissez les réponses. Lorsque vous aurez reçu assez de réponses témoignant que c'est bel et bien l'esprit en question, vous pourrez lui poser vos vraies questions. Il faut toujours être sûr de communiquer avec de bons esprits. Si vous n'avez pas demandé à un esprit en particulier de se présenter, lorsqu'un esprit se présentera, demandez-lui son nom, posez-lui des questions sur lui avant de poser vos vraies questions. Si ses réponses ont du sens, allez-y.

Lorsque les esprits vous répondront, ils iront sur le oui, pour une réponse affirmative, ou sur le non, pour une réponse négative. Quand, à une question, votre accessoire reste au centre sur le point d'interrogation, c'est que l'esprit ne peut répondre ou ne connaît pas la réponse à votre question. Il peut aussi inscrire un mot avec des lettres. Ayez toujours du papier et un crayon à côté de vous pour inscrire les lettres. Quelquefois, les mots seront inscrits à l'envers. À d'autres moments, les mots seront transcrits phonétiquement ou contiendront des abréviations. Un esprit peut être aussi très prompt à répondre, alors qu'un autre sera plus lent.

Soyez toujours attentif aux réponses, car il arrive qu'en cours de route l'esprit change. Il faut alors demander à l'esprit qui vient d'arriver s'il a un message important à livrer, et sinon de laisser la place à celui qui était là avant lui.

Toujours être poli, ne jamais se fâcher. Se montrer ferme mais toujours rester calme.

Lorsqu'un esprit se dirige vers l'endroit où est inscrit Goodbye, ne pas tenter de le garder, il faut le remercier et lui envoyer une pensée d'amour.

Au cours d'une séance, on peut parler à plus d'un esprit, mais toujours à un à la fois. Lorsque vous avez terminé avec un esprit, il faut lui demander de partir. Il est très important que l'accessoire ne bouge plus quand vous lui demanderez s'il y a encore quelqu'un. S'il bouge encore, dites-lui fermement que vous voulez qu'il parte.

Les esprits ont besoin de votre énergie pour vous répondre, alors si vous vous sentez fatigué au bout de quelques minutes, arrêtez. Vous reprendrez à un autre moment. Continuer ne vous apportera rien de plus. Donnez plutôt un rendez-vous aux esprits pour une prochaine séance.

Lorsque vous avez terminé votre séance, remerciez votre ange gardien, vos guides, Dieu ainsi que tous les esprits qui sont venus. Rangez votre matériel dans un endroit où les autres personnes ne le manipuleront pas. Allez vous reposer quelques instants. Il est tout à fait normal d'être fatigué à la fin des exercices.

La table de spiritisme

Une table peut servir d'outil de communication avec l'au-delà. Il y a très longtemps, on utilisait cet outil lors de rencontres mondaines. Dans ces soirées on se servait d'une table plutôt massive, pour épater la galerie. Aujourd'hui nous avons moins d'énergie qu'autrefois, ce qui explique qu'il est beaucoup plus facile de travailler avec une petite table. Comme tout outil de communication, il faut le choisir en fonction des vibrations qui s'en dégagent à notre contact. Pour choisir ou fabriquer une table, voici quelques petits conseils. Elle doit être ronde, d'un diamètre d'environ 2 pieds tout au plus, avoir trois

pattes et si possible être construite sans aucune partie métallique, c'est-à-dire sans vis. Préférez de la
colle à bois ou des goupilles. Vous pouvez aussi vous
promener chez les antiquaires. À ce moment-là,
vous devrez changer les énergies de la table et lui
donner les vôtres. Écoutez votre intuition, laissez la
table vous parler.

Étapes et règles à suivre

Les règles sont les mêmes qu'avec le ouija, seule
la méthode change.

Disposez la table dans une pièce où vous sentez
de bonnes vibrations. Mettez un tapis sous la table,
cela l'empêchera de trop se promener pendant les
communications.

Déposez vos mains en avant de vous sur la table,
les doigts bien écartés, vos pouces se touchant. Fermez les yeux, faites votre protection et appelez l'esprit. Laissez aller vos mains, ne résistez pas à la
pression qui peut s'exercer sous elles.

Lorsque vous sentirez la présence d'un esprit, demandez-lui de frapper un coup. Vous sentirez le coup

dans la table ou la table se mettra à bouger de l'avant vers l'arrière ou encore elle tournera vers la droite ou vers la gauche. La table peut bouger doucement ou encore bouger brusquement. Il faut établir avec cet esprit une manière de communiquer. Un coup voudra dire: «oui», deux coups voudront dire: «non», ou vice versa. C'est entre vous et l'esprit que se situent les règles.

Chaque coup peut être une lettre de l'alphabet. Par exemple, vous demandez à l'esprit son nom, il commence par donner trois coups et fait une pause, vous savez que son nom commence par la lettre «C»; après, il donne un coup et fait une pause, donc la deuxième lettre est un «A», et ainsi de suite. Lorsque la table fait un arrêt complet, c'est que le nom ou le mot est terminé. Je vous conseille de placer un magnétophone dans la pièce où vous faites votre séance. Il est très difficile d'écrire pendant que la table bouge, de plus vous avez besoin de vos deux mains pour contrôler la table.

Lorsque vous êtes plusieurs autour de la table, procédez de la même manière, faites vos protections, plus la protection du groupe. Vos mains sur la table devant vous doivent se toucher, l'énergie circulera mieux, surtout au début. Écartez vos doigts, vos pouces se touchant et vos petits doigts touchant ceux de votre voisin.

Au début, une seule personne mène la séance, par la suite chacun peut poser sa question. Il se peut que l'esprit ne réponde qu'à une personne. La table peut se diriger à droite ou à gauche, elle se penchera vers une personne ou vers une autre.

À la fin de la séance, libérez la table des esprits avant de la remiser. Vous pourriez être surpris en retrouvant votre table le lendemain matin en plein milieu de votre passage.

Magnétophone, magnétoscope et caméra vidéo

Cette méthode demande beaucoup de persévérance et de patience. Commencez par donner rendez-vous de manière assidue à l'esprit concerné. Choisissez la même journée ainsi que la même heure. Faites votre protection comme dans tous les exercices, mais cette fois-ci enveloppez votre matériel dans la bulle d'amour. Appelez l'esprit, demandez-lui de se manifester à travers le magnétophone. Disposez la photo du défunt, si vous en possédez une, avec un lampion à côté de celle-ci. Après avoir protégé votre matériel, mettez une cassette neuve et appuyez sur les touches d'enregistrement. Quittez la pièce. Il est important que la pièce choisie soit exempte de tout bruit. L'idéal est de faire cet exercice la nuit, avant d'aller dormir.

Par la suite, reprenez votre cassette et écoutez-la. Différents bruits seront enregistrés, vous entendrez peut-être déjà une voix. Vous devez étudier chacun des bruits que vous entendez pour bien définir les sons physiques et les sons provenant d'un autre plan. Au bout d'un temps, vous reconnaîtrez chaque bruit et vous pourrez comprendre les messages que l'on vous envoie. Il faut beaucoup de patience, car il faut écouter chaque cassette d'un bout à l'autre avec concentration.

Pour procéder avec un magnétoscope, il suffit de suivre les mêmes étapes. Je vous conseille de mettre votre télé à un poste où il n'y a rien, ou un poste où il y a de la neige. Après l'enregistrement, rembobinez la cassette et regardez les images. On peut voir apparaître certaines formes, certains visages, entendre des voix, des bruits.

Si vous possédez une caméra vidéo, vous pouvez faire la même expérience que certains experts. Posez votre caméra dans une pièce où vous sentez une présence et laissez-la filmer. Par la suite, regardez attentivement les images tournées. Vous pourriez rester surpris.

L'écriture automatique

Pour pratiquer cet exercice, faites votre protection et demandez la permission de communiquer avec l'au-delà. Il faut créer une ambiance où vous serez à l'aise. Libérez notre mental. Installez-vous confortablement. Choisissez un papier et un crayon qui vous inspirent. Prenez la main contraire à celle dont vous vous servez pour écrire. Posez votre crayon au début de la feuille et attendez qu'un esprit se manifeste. Laissez votre bras détendu, oubliez-le. Lorsque votre main commencera à écrire, n'essayez pas de lire. De toute façon, au début l'écriture sera probablement illisible. Il peut se former des dessins aussi. Ne contrôlez pas votre bras. L'écriture automatique peut se faire en transe, c'est-à-dire que vous laissez aller votre bras et votre crayon, vous n'avez aucun contrôle sur ce qui se passe. Elle peut se faire aussi en semi-transe, vous écrivez alors en ayant un contrôle sur votre bras et votre main, par contre vous n'utilisez que la moitié de votre conscience. Vous écrivez ce qui vous est dicté, comme certains passages de ce livre.

Le channeling

Il est possible de communiquer avec les esprits par l'entremise d'une personne en transe. Nous appelons cette personne un médium. Le médium a la faculté de se mettre dans un état de relaxation totale et de prêter son corps et sa voix à un esprit afin que celui-ci puisse livrer son message. Vous êtes assis face à la personne et vous posez vos questions. Selon les réponses obtenues, vous pouvez savoir quel esprit tente de communiquer à travers le médium. Il peut s'agir d'un parent ou d'un ami, mais il se peut que l'esprit soit quelqu'un d'étranger à vous. Si vous désirez canaliser des esprits dans votre corps physique, je vous suggère de vous documenter le plus possible et d'assister à de telles séances avant de vous lancer. Selon moi, c'est la méthode la plus dangereuse pour entrer en contact avec les esprits pour des gens inexpérimentés.

Chapitre 7

Messages reçus de l'au-delà

Voici réunis dans ce chapitre l'ensemble des messages reçus pour l'écriture de ce livre. Il y en a peut-être un pour vous. Ces messages ont été reçus lorsque j'étais dans un état réceptif, c'est-à-dire en semi-transe. Je terminerai le chapitre avec un poème de saint Augustin concernant la vie après la mort.

PARDON

Pour plusieurs raisons, celle d'être parti avant toi. Sache que je t'attends et que je serai là quand tu arriveras. De ne pas toujours avoir prêté attention à ce que tu me disais, d'avoir été absent lors de moments importants à tes yeux, d'avoir pensé à mes problèmes au lieu d'écouter la journée éprouvante que tu venais de passer. De ne pas avoir été là pour écouter tes peines, d'avoir paru indifférent à tes joies.

Anonyme

TU ME MANQUES

Une petite pensée pour moi, pour m'aider à avancer vers cette lumière.

Anonyme

L'OISEAU

Comme l'oiseau, j'ai retrouvé ma liberté.

Anonyme

CARTE POSTALE

Je fais un bon voyage!

Anonyme

LES ÉTOILES

Tu regardes le ciel rempli d'étoiles tout en cherchant la mienne, pourtant je suis juste là à côté de toi. Près de ton cœur, car c'est de là que je t'entends m'appeler. C'est grâce à lui que je te rejoins. C'est un endroit chaud et rassurant qui me donne l'énergie nécessaire à mon cheminement ici.

Anonyme

MERCI

Je veux simplement employer un mot simple mais si important: merci. Merci à toi d'avoir été là. De m'avoir compris alors que parfois je n'arrivais plus à me comprendre moi-même. J'en ai perdu l'essentiel à force de chercher trop loin. J'ai compris ce que toi tu as compris près de moi: l'amour. L'amour guérit tout, l'amour sait tout, l'amour fait grandir mais surtout l'amour comprend.

Luc

LECTURE

À toi qui lis ce livre sur un plan physique, profite de ce moment pour dire «je t'aime» à quelqu'un près de toi.

À toi qui lis par-dessus son épaule les émotions et les impressions que j'ai pu déchiffrer et mettre en mots entre ses mains, je lui passe ton message.

Anonyme

NE PLEURE PAS SI TU M'AIMES

La mort n'est rien

Je suis seulement passé de l'autre côté.

Je suis moi — tu es toi.

Ce que nous étions l'un pour l'autre,

Nous le sommes toujours.

Donne-moi le nom que tu m'as toujours donné.

Parle-moi comme tu l'as toujours fait.

N'emploie pas un ton différent.

Ne prends pas un air solennel ou triste.

Continue à rire de ce qui nous faisait rire ensemble...

Prie, souris, pense à moi, prie avec moi.

Que mon nom soit prononcé à la maison

Comme il l'a toujours été!

Sans emphase d'aucune sorte, sans une trace d'ombre.

La vie signifie toujours ce qu'elle a toujours signifié.

Elle est ce qu'elle a toujours été: le fil n'est pas coupé.

Pourquoi serais-je hors de ta pensée?

Simplement parce que je suis hors de ta vue?

Je ne suis pas loin, juste de l'autre côté du chemin...

Tu vois, tout est bien...

Tu retrouveras mon cœur.

Tu en retrouveras les tendresses épurées.

Essuie tes larmes et ne pleure pas si tu m'aimes.

Saint Augustin

Remerciements

Merci à tous ceux qui m'ont aidée dans l'écriture de ce livre, par vos expériences, vos témoignages et vos critiques. Merci à ceux qui ont rendu mon plus grand rêve possible: éditer mon premier livre. Et un merci spécial à tous les esprits présents lors de ces écrits.

Je fais de la consultation individuelle et je me déplace pour des consultations en groupe. Je peux aussi donner des ateliers et des conférences. Pour plus de renseignements, n'hésitez pas à me joindre.

La Maison du Verseau
Tél.: 514 522-7383
Téléc.: 514 374-3244
marylenecoul@sympatico.ca
www.lamaisonduverseau.com

Commandez notre catalogue
et recevez, en plus,

UN LIVRE CADEAU

AU CHOIX DU DÉPARTEMENT DE L'EXPÉDITION
et de la documentation sur nos nouveautés * .

* **DES FRAIS DE POSTE DE 5,00 $ SONT APPLICABLES.** FAITES VOTRE CHEQUE OU MANDAT POSTAL AU NOM DE **LIVRES À DOMICILE 2000**

Remplissez et postez ce coupon à
LIVRES À DOMICILE 2000, C.P. 325,
Succursale Rosemont, Montréal (Québec) CANADA H1X 3B8

LES PHOTOCOPIES ET LES FAC-SIMILÉS NE SONT PAS ACCEPTÉS.
COUPONS ORIGINAUX SEULEMENT.

Allouez de 3 à 6 semaines pour la livraison.

* En plus de recevoir le catalogue, je recevrai un livre au choix du département de l'expédition. / Offre valable pour les résidants du Canada et des États-Unis seulement. / Pour les résidents des États-Unis d'Amérique, les frais de poste sont de 11 $. / Un cadeau par achat de livre et par adresse postale. / Cette offre ne peut être jumelée à aucune autre promotion. / Certains livres peuvent être légèrement défraîchis. **LE CHOIX DU LIVRE CADEAU EST FAIT PAR NOTRE DÉPARTEMENT DE L'EXPÉDITION. IL NE SERT À RIEN DE NOUS INDIQUER UNE PRÉFÉRENCE.**

Les morts nous donnent signe de vie (#524)

Votre nom: ....

Adresse: ....

....

Ville: ....

Province/État ....

Pays: ....Code postal: ....

Date de naissance: ....

Les morts nous donnent signe de vie (#524)

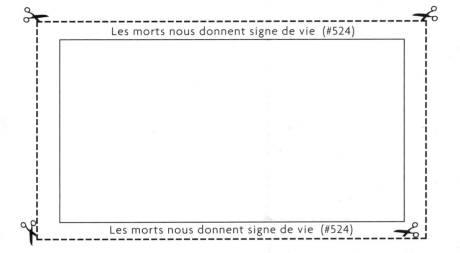

Les morts nous donnent signe de vie (#524)

Les morts nous donnent signe de vie (#524)